鉄人 中澤佑二の食トレ

Eat Well Guided by Yuji Nakazawa

ダイヤモンド社

はじめに

２０１９年１月８日、僕は現役引退を表明した。翌２月に41歳の誕生日を迎える直前のことだ。

小学校６年生の時からサッカーを始め、プロを目指したのは中学３年生の時。サッカーが〝下手くそ〟だった僕がプロになって20年、サッカー人生30年の節目の年の決断だった。

僕がプロを目指した時、周りからは「プロになんかなれるわけがない」と笑われた。事実、高校３年間で結果は出せなかった。卒業後、すがる思いでブラジルに１年間留学。でも帰国後は、母校の高校で高校生に混ざって練習しながら、Ｊリーグのチームに売り込みを続ける日々だった。

そんな僕を見かねたサッカー部の先生の計らいで、ヴェルディユースとの練習試合に高校生として年齢を偽り出場。その時ゴールを決めて勝利した功績が認められ、ヴェルディの練習生になることができたのだった。ようやくプロの道へ進んだのは、それからさらに１年後のことだ。

僕が、2度も日本代表に選出され、大きな故障もなく、40歳になっても横浜F・マリノスのディフェンダーとして現役を続けられたのは、僕を支えてくれた人たちのおかげによるところが大きい。引退公表後には、多くの方々から温かいメッセージをいただいた。みなさんには、この場を借りて、心からお礼を言いたい。

ありがとうございました！

子どもの頃、僕には好き嫌いがあった。苦手だったのは、なすやピーマン、にんじんなどの野菜だ。しつけが厳しい家庭で、食べ残しは許されなかった。残せば父親に叱られる。半べそをかき、嗚咽を漏らしながら無理やり口に押し込んでいた。

40歳になっても現役で試合に連続フル出場し、〝鉄人〟と呼ばれた今の僕からは想像できないと思うけれど、小学生の頃は転んで手首を骨折するなど、けがが多かった。中学生の時は、足首を骨折したこともある。今思えば、なんでも積極的に食べる習慣がなかったせいだろう。

そんな僕にスイッチが入ったのが、1992年、中学3年生の時だった。

「プロ選手になりたい。いや、絶対なる！」

翌年1993年からJリーグが開幕し、日本初のプロリーグができると決まったことが僕の背中を押した。サッカーが〝下手くそ〟だった僕は、

『ほかの人と同じことをしていてもダメだ、こつこつと人の何倍も努力しなければプロにはなれない』

そう考えるようになった。なぜなら、みんなとはスタートラインがまったく違う。サッカーを始めた時期が遅く、強豪校や有名なクラブチームのエリート選手でもない。人と同じことをした時点で負け。何か工夫しないと、世のサッカー選手と渡り合っていくことなんてできない。

僕はプロのサッカー選手になるため、中学3年の夏から少しずつできる範囲で、次の3つのことを実践すると決めた。

1つ、他の選手よりも練習を頑張る。
2つ、サッカーのために何かを我慢する。
3つ、体のために食生活を変える。

この3つ目に当たるのが僕流の「食トレ」だ。

当時はインターネットが普及しておらず、栄養学的な情報は多くなかった。だから知り得た情報は、なんでも貪欲に試した。

友人から甘い炭酸飲料が体にはよくないと聞くと、代わりに牛乳や水を飲むようになった。菓子パンやカップラーメンだけでは、お腹を満たせても栄養が足りないことを雑誌で読めば、母親に肉や野菜を用意してくれるように頼んだ。

そんな積み重ねが功を奏し、けががが少しずつ減り、高校生の時にはどれだけハードな練習でも乗り切ることができるようになった。

目標を達成するために何を食べるべきか――。

プロ入りしてからは、事典のような専門書を購入し、端から端まで読みあさり、独学ながら栄養に関する知識を身につけた。

当然、失敗もある。食べたくても我慢した辛い日々もあった。食生活を変えたって勝負に勝てるとは限らない。そう言って食を軽視する人は、プロの世界にも多い。でも、30年のサッカー人生を振り返り、40歳まで現役で、大きなけがもなく、長くプレーできたことを考えると、食事に関する取り組みをやってきて正解だったと確信している。

みなさんの中には、中学3年生の僕のように「目標を見つけた人」もいれば、「まだ見つけられていない人」もいるだろう。プロのスポーツ選手を目指している、または自分の記録を伸ばしたい、あるいはダイエットをしたい、丈夫な体をつくりたい。そんな熱意ある、みなさんの力になりたい。本書はそんな思いから生まれた。

この本では、僕が実践してきた食事法7カ条を基本に、〝食べるべきもの〟を紹介している。プロになるために食生活を変えた僕は、食に関する情報を常にアップデートし、年齢や目的によって、食べるものや食べ方を変えてきた。試行錯誤で行ってきた僕の体験談が、少しでもみなさんの参考になればと願っている。

とはいえ、1人のサッカー選手の経験談が、万人に適合するとは限らない。管理栄養士さんから助言を賜ったので、併せてご覧になっていただきたい。

食べものの選択肢が多い現代。コンビニ、ファミリーレストラン、ファストフードで不自由なく、おいしいものが手に入る。そんな時代だからこそ、〝自分が食べるべきもの〟を考え、〝目標のために食べる〟という姿勢を手に入れてもらえたらうれしい。

中澤　佑二

目次

第2章

脂肪をコントロールするダイエットめし 61

体脂肪量を減少させ、LBM（除脂肪体重）を維持するための食事

第3章

年齢に負けないアンチエイジングめし 81

カギは抗酸化物質の摂取と、活性酸素を除去すること。現役を長く続けるために、老化を遅らせたい。そのための食事法を紹介

第6章

夢を叶えるアスリートめし 133

成長期やプロになってからの食事を紹介

第7章

規則正しいプロの生活 145

しっかり動き、しっかり食べ、しっかり休む。3本柱のバランスが健康の秘訣

中澤式食事の7カ条

第1条 バランスよく食べる

ありきたりだけれど、これが難しい。「1日30品目食べる」というのも趣旨は同じだ。エネルギーをつくり出す炭水化物や脂質、体を強くするたんぱく質をいかに摂取し、ミネラルとビタミンを加えた5大栄養素のバランスをとるか。各栄養をチャートやグラフにした時、形が歪《いびつ》にならないように意識したい。

好きなものを好きなだけ食べるのは論外。炭水化物を抜き、低糖質の食生活で体を絞る人もいるようだけれど、炭水化物は人間にとってガソリンと同じ。偏った食べ方では体に無理がくる。いろんなものを食べるのはコストや手間がかかる。でも僕は、それも目標を叶えるためのトレーニングだと考えている。

管理栄養士から見た ここがポイント

栄養素は摂取しすぎても少なすぎても害になるため（過剰症や欠乏症）、食事のバランスはとても重要です。

第2条 3食欠かさず食べる

僕が心がけるのは「朝はしっかり、昼はたっぷり、夜はあっさり」という食べ方。朝食は午前の練習を乗り切るエネルギー。ご飯、味噌汁、納豆、焼き魚、サラダ、フルーツ、ヨーグルトで、バランスのとれたメニューをしっかりと食べる。昼食はパスタで炭水化物を多めにとったり、肉を意識して食べたりして、練習で使ったエネルギーを補給。少しバランスが崩れてもいい。夕食で朝と昼に足りなかった栄養を補う。

でもこれは、プロサッカー選手だった僕の食べ方。シーズン中は１食１５００キロカロリー、補食を入れて１日に５０００キロカロリーをとっていた。成長期で部活に熱中している中高生はもっと必要かもしれないし、運動量が減る社会人や減量中の人は、調整しないと太るだろう。食べたものが余分なエネルギーとなり、脂肪に変わるのはよくない。特に夕食は、体の中に残りにくい、あっさりとしたもので済ませたい。

管理栄養士から見た ここがポイント

栄養をバランスよくとる食事には、「何を、どれくらい、どのタイミングでとるか」という、〝質・量・タイミング〟の3視点が必要です。

第3条 午後9時以降は食事をしない

食事はとるタイミングが大事。どんなによいものを食べても台無しになってしまうことがある。たとえば、夜遅い時間がそう。特に就寝3時間以内の食事は、体によくないといわれている。食べてすぐに寝ると脂肪がつきやすく、消化できていないと内臓にも負担をかけてしまう。夜は筋肉や関節だけでなく、お腹もきちんと休ませたい。そうすれば、翌朝のご飯をおいしく食べられる。早い時間に食べて早めに寝る、という習慣ができれば、自ずといい生活リズムができていく。

僕は、1日の時間割をほぼ決めていた。午前6時に起き、遅くとも7時には朝食を食べる。お昼は午後1時〜1時半までにとり、夕食は午後6時〜7時の間。午後10時には布団に入る。このリズムを崩さないことも、僕にはトレーニングだった。

管理栄養士から見た ここがポイント

食事や生活のリズムが整うことで、睡眠状態も良好になり、日中に酷使した体と脳をしっかり休ませることができます。「食べて・動いて・休む」は健康づくりの基本。

第4条 低脂質を心がける

僕は揚げものを食べないし、牛肉は脂身の多い部位を避ける。体脂肪を抑えつつ、体にエネルギーを蓄えたいサッカー選手にとって、どれも余分なあぶらだからだ。でも脂質は必須の栄養素。あぶらと一緒に摂取することで吸収しやすくなるビタミンもある。だからオリーブオイルや亜麻仁油など、体に残りにくく脂肪になりにくいあぶらを摂取している。

体脂肪は悪ではない。特に走りを伴うスポーツにはエネルギーのための一定の脂肪が必要で、身長、体重、筋肉量を踏まえた基準を大幅に下回る必要はない。部活に熱中している中高生は、カロリーを摂取しないと体がもたない時期もあるだろう。僕も若い時はかつ丼をかき込んでいた。

とはいえ、必要以上の重りをまとっていては戦えないアスリート。僕が若い頃の体脂肪率は6～7％台、30代になってからは9％台だった。適正体脂肪率は年齢とともに少しずつ増える。あまりに絞りすぎると肉離れなどの筋肉系の故障につながる。それぞれの年齢と生活様式に適した体脂肪率があるのだ。

管理栄養士から見た ここがポイント

「自分にとっての適正を保つ」という考え方がとても重要。体脂肪は多すぎても、少なすぎても、コンディションを崩す原因になります。

第5条 たくさんの砂糖や人工甘味料が入った飲みものは飲まない

スポーツドリンクや甘い炭酸飲料、ジュースに含まれる砂糖は血糖値が上がりやすく、体脂肪に変わりやすいといわれる。カロリーゼロを謳《うた》う飲みものも、体への悪影響が懸念される人工甘味料が入っている。代わりに僕が選ぶのは、水や無糖炭酸水、無脂肪牛乳。フルーツも食べる。ケーキなどのデザートは口にしない。人の手で加えられた甘みは、余分なあぶらと同じで必要ないものと考えている。

管理栄養士から見た ここがポイント

市販の飲料水に含まれる糖分（果糖ブドウ糖液糖等）は、特に血糖値を上昇させやすく、脳のパフォーマンスを低下させることがわかっています*1。

第6条 アルコールは飲まない

体質に合わないというのもあって、お酒は飲まない。飲んでもいいことがないというのが僕の実感だ。糖質が多いうえ、利尿作用があるため、体から水分が出ていってしまう。サッカー選手には大敵の脱水状態になってしまうのだ。さらに、アルコールを分解するために肝臓が働き続けないといけない。内臓が休まらず、疲れが抜けにくくなる。最後にお酒を口にしたのは2000年頃、今から20年も前のことだ。日本代表の一員としてアジアカップを制した後、先輩に乾杯の音頭をとるように言われ、1杯だけ飲んだ。それだけで気持ち悪くなった。以来、現役の間は飲まないと決めた。

管理栄養士から見た ここがポイント

アルコールの過剰摂取による有害性は様々な研究で明らかになっています。また、寝る前の数杯程度の飲酒が、睡眠の質を悪化させる原因となる可能性もあります*2。

第7条 目標を持ち、成功体験をつかむ

バランスよく、規則正しく食べ、時にはおいしいものも我慢する。毎日続けるのは、大変な労力だ。でも、僕にとってそれは仕事みたいなもの。『プロサッカー選手になりたい、日本代表選手になりたい、実力で試合に出続けたい――』。そういう目標を達成するには、好きなものだけを食べたり飲んだりするわけにはいかなかった。

若い頃は焼き肉が好物で、脂肪分の多いカルビを食べていたこともあった。その結果、体脂肪が増えるという痛い目に遭った。日本代表選手になりたいなら、それではダメだ。体をコントロールしたければ、食もトレーニングしなければいけない。最初は大変だったけれど、続けていると効果が見えてきた。1度成功体験をつかむと、それが当たり前のことになる。目標はなんでもいい。なりたい自分をしっかりと思い浮かべ、手応えが得られるまで続けてほしい。そうすれば、きっと変わることができる。

管理栄養士から見た ここがポイント

目標の立て方次第で成功の7割が決まる、といわれるほど目標設定は大事。管理栄養士が食の改善をサポートする時も、必ず目標と行動計画を立てることから始めます。

第1章

強い体をつくる パワーアップめし

サッカー選手にとって
大事な瞬発力や筋力を
つけるための食事

中・高時代は1日2リットル！
牛乳は体を強くする

牛乳を意識して飲み始めたのは、プロを目指した中学3年の時。甘い炭酸飲料をやめ、代わりに牛乳を1日2リットル飲むようにした。高校1年の頃に175センチだった身長は、高校3年までに現在の187センチになった。背が伸びるのには複合的な要因があるけれど、3年間で12センチも伸びたのは、牛乳のおかげだと思う。

プロ入り後、牛乳は1日コップ2杯。それが僕のルールだった。日本代表の遠征の際は、必ず食事会場に牛乳を用意してもらっていた。飲むのはチームで僕1人ということも多かったけれど、朝食時に1杯、寝る前に食事会場に足を運んで1杯。欠かさない習慣だった。脂肪の摂取を控えるため、飲むのは低脂肪牛乳や無脂肪牛乳。ビタミンなどを加えている製品は選ばない。どんな食品も、添加物が入っているものはできるだけ避けている。ちなみに牛乳は今でも、横浜F・マリノスのスポンサー、タカナシ乳業の製品を愛飲している。

　牛乳に含まれるたんぱく質やカルシウムは、筋肉や骨をつくり、体を強くしてくれる。カルシウムの吸収を助けるビタミンDの相乗効果も期待できる。夜に飲むと、就寝中の筋肉の補修を助けるとも聞く。サッカー選手は翌日の練習や試合に備え、しっかり水分をとらないと脱水症状になってしまうので、寝る前の1杯は脱水予防にもいい。牛乳が体質に合わない人は、代わりにヨーグルトやチーズを食べるといいだろう。

中澤佑二のポイント

いつ 朝&夜

○ アスリートなら1日2杯。脂肪分が少ない牛乳を選ぶ

× 体質に合わない人はヨーグルトやチーズを

オススメは、「低脂肪・無脂肪牛乳」

管理栄養士の解説

骨を強くするカルシウム&ビタミンD！

- カルシウム…牛乳（夜飲む場合は低脂肪牛乳）、チーズ、煮干し、干しエビ
- ビタミンD…ブリ、鰻、鮭、きくらげ

新生児〜成長期は、骨の形成にたくさんのカルシウムが必要で、吸収率も高くなります[*3]。カルシウムの摂取量が不足すると、骨折の発症率が増すという報告もあり[*4]、特にスポーツをする人は意識して摂取したい栄養素。ビタミンDはカルシウムの吸収を助ける代表的な栄養素なので[*3]、セットで摂取するのがおすすめ。

ゴールデンタイムのおにぎりで筋肉の回復を促せ！

運動後の30分間は「食のゴールデンタイム」といわれている。

運動後すぐに栄養をとったほうが、吸収率がよく、運動で壊れた筋肉のほか、グリコーゲンの回復につながる。部活やトレーニングの後に空腹のまま過ごさず、本格的な食事の前に補食をとる習慣ができれば、体はより強くなるだろう。

補食の優等生はなんといっても、おにぎりだ。持ち運びに便利で、いつでもどこでも食べられる。19歳でなんとかヴェルディ川崎（現・東京ヴェルディ）の練習生になった僕は、埼玉の自宅から電車で2時間以上かけて川崎市の練習場まで通っていた。毎日持参していたのは、母の握った特大のおにぎり3個だった。

当時は、午前と午後の2部練習。午前の練習後は食堂で昼食がとれたけれど、午後の練習が終わると何もない。練習生に収入はなく、交通費も食事代も支給されなかった。お金がないので、練習後に外食や買い食いはできない。かといって家に帰るまでは2時間以上かかり、夕食まではとてももたない。そこでおにぎりの出番だ。いつも3個のおにぎりをたいらげ、家に急いだ。

1日、1日が勝負だった。プロになれる可能性はあるけれど、契約できる保証はない。いつ「もう来なくていい」と言われるかわからない状況だ。だから100%、いや120%で練習に取り組んだ。練習と移動で1日があっという間に終わる日々。家に帰れば、翌日のためにしっかりと休まなければいけない。遊ぶ時間もなければアルバイトをする時間もなかった。

そんな生活を1年続けた結果、ヴェルディ川崎とプロ契約を結ぶことができた。契約してもらえると聞いた時は、すごくうれしくて、チームの気が変わる前にと契約書の内容もよく読まずに、即サインしたのを覚えている（笑）。母が毎日握ってくれたおにぎりは、プロ契約を勝ち取るために必死だった僕を助けてくれた存在だ。

ちなみに母のおにぎりの具は「岩下の新生姜」だった。僕は漬けものが大好き。中でも好物だったショウガの酢漬けを、母は細かく刻んで、どこから食べても口に入るよう工夫して、おにぎりに入れてくれていた。

みなさんの中には、運動後の補食のために、コンビニを活用する人もいるだろう。コンビニのおにぎりは、塩分や添加物が多く、できれば避けたいが、適切なタイミングで栄養を摂取することを最優先に考えて、上手に利用してほしい。ポイントは具材の選び方。マヨネーズやから揚げ、天ぷらが入ったものではなく、脂肪分が少ない梅干しや鮭、昆布、明太子などを選ぶといい。

中澤佑二のポイント

- いつ：運動後なるべく早く
- ○：手作りおにぎり
- ×：から揚げや天ぷら、マヨネーズなど脂肪分の多い具は避ける

オススメは、「梅干しや鮭のおにぎり」

管理栄養士の解説

補食（間食）でエネルギーを強化

- **運動後は、すばやく栄養補給**
- **糖質とたんぱく質を組み合わせて**

運動後に糖質とたんぱく質を組み合わせた食事をとることで、運動時のエネルギー源（筋グリコーゲン）の回復が促されるといわれています。また、タイミングは運動後できるだけ早いほうが、回復速度もアップします[*5]。鮭入りのおにぎりのほか、食物繊維が豊富なもち麦や大麦入りのおにぎりなら、血糖値が上昇するのを抑える効果も期待できます[*6 *7]。

高校時代

ブラジル留学

サッカー王国の強さの源はブラジル料理にあり！

高校卒業後、1年ほどブラジルに留学した。そこで目の当たりにしたのは、サッカー王国の強さの源は食事にあるということだった。彼らは毎食のように豆と肉を食べ、たんぱく質を豊富にとる。白飯、豆料理のフェジョン、これでもかと焼いたカチコチの牛肉が大皿に盛られて出される。フェジョンは、インゲン豆をベーコン、ニンニク、たまねぎと一緒にシンプルに煮たもので、ご飯にかけて食べる料理だ。

当時は、スパイクを盗まれたり、練習でパスが回ってこなかったりと辛いことも多かった。『チームメートから信頼されてないな』『またメンバー外か。試合に絡めないな』という悔しい思いばかり。でも、日本で注目されなかった僕は、ブラジルで成功しなければプロへの道が拓けない。『仲間を蹴落としてでもレギュラーになりたい！』。そう思いながら、フェジョンとご飯をかき込み、ゴムのような肉にかじりついていた。

僕にとってブラジルは、真のハングリーさを教えてくれた原点だ。今でも日本のブラジル料理店に行くと、困難に立ち向かいながらも、必死に食べて頑張っていた自分を懐かしく思い出す。日本でブラジル料理を楽しむなら、シュラスコが食べられるレストランだろう。炭火で焼き上げた牛肉や豚肉を、次々とテーブルに持ってきてくれる。牛肉なら赤身やヒレを選び、脂肪分が多いサーロインなどは控えたい。鶏や豚、ラムもいい。一緒にサラダやフェジョンを食べるのも忘れずに。

中澤佑二のポイント

いつ ディナーにシュラスコ

○ 牛肉は赤身、ヒレなど脂肪分が少ない部位を

× 肉だけ食べるのはNG。サラダや豆料理も一緒に食べる

オススメは、「フェジョン」

管理栄養士の解説

肉は種類と部位によって栄養価が変わる

- 肉類は「赤」と「白」をバランスよく
- たんぱく質、亜鉛、鉄、ビタミンB群などの栄養素を豊富に含む肉類

たんぱく質を多く含む食事は、摂食によって生じる代謝量を増やします。そのため、体づくりの観点では肉類などの良質たんぱく源はしっかり摂取したいですが、赤い肉や加工肉は飽和脂肪酸を多く含むので、食べすぎには注意しましょう。白い肉（鶏肉）には良質な脂肪分が多く、抗疲労物質も含まれています*8。

ペペロンチーノパスタで試合のスタミナを蓄える

試合の2〜3日前から、昼食はパスタにすることが多かった。試合が近づくにつれ、90分間を戦い抜くスタミナを蓄えるための炭水化物の割合を増やしていく。日産スタジアム内のレストラン「スマイルテーブル」では、激辛ペペロンチーノを大盛りにした〝中澤スペシャル〟が現役最後の頃の定番だった。大好きなニンニクと、通常の何倍もの唐辛子を使った、食欲をそそる一品。まさに僕のエネルギー源だった。

大好きなパスタは、人との縁も紡いでくれた。現在は長友佑都選手の専属シェフを務める加藤超也さんとの出会いもパスタだ。加藤さんは修業時代、横浜のイタリア料理店で腕を振るっていて、彼のペペロンチーノは絶品だった。たまたま足を運んだのがきっかけで交流が始まり、栄養学について意見交換するようになった。彼は体によい食材を仕入れ、自信を持ってすすめてくれる。サバの切り身を挟んだハンバーガーや、オリーブオイルで揚げたポテトチップスも作ってくれた。僕が食べたものを報告すると記録をつけ、体の調子を気遣ってくれる勉強家。僕は実験台だったのかもしれないけれど（笑）。「選手に専属シェフをつけると面白い」と話したこともある。今では長友選手とタッグを組んでいる。長友選手はきっと頼もしいことだろう。

パスタを食べる時に気をつけたいのは、パスタだけでお腹をいっぱいにしないこと。炭水化物の摂取を控えたい人は、糖質カット麺も選択肢に入れてみてはどうだろう。

中澤佑二のポイント

いつ 昼、夜

○ スタミナを蓄えたい時はパスタメニューを増やす

× パスタだけはNG。副菜も食べる

オススメは、「ペペロンチーノ」

管理栄養士の解説

試合前はカーボローディング！

● 炭水化物は運動時の重要な栄養素。グリコーゲンとして上手に貯蔵を

炭水化物は、運動効率を上げる最重要栄養素[*9]。運動時のエネルギー源「筋グリコーゲン」を高めるために、炭水化物の摂取の仕方を工夫しましょう。たとえば90分を超える運動を行う場合、その36〜48時間ほど前から高炭水化物食（パスタや餅入りうどん、おにぎりなど）に切り替えを。この食事法は、「カーボローディング」と呼ばれています。[*10]。

1日1回の魚で健康維持 寿司ならマグロの赤身

魚は1日1回、意識的に食べるよう心がけている。魚がたんぱく源になるだけではなく、魚のあぶらが血管をしなやかにしてくれるからだ。悪玉コレステロールを取り去り、中性脂肪を減らし、善玉コレステロールを増やすといった、様々な健康効果が指摘されている。

魚をおいしく食べる方法の1つといえば、お寿司だろう。生ものなので、万が一、食アタリすることも考え、シーズン中に頻繁に食べることはしなかったけれど、試合の間隔が1週間あいた時は、週の頭のオフなどに食べにいくことが多かった。日本の寿司屋で食アタリになることは少ないかもしれないけれど、念には念を入れてのこと。それでも行きつけの寿司屋では、僕の願いで刺身を炙《あぶ》って出してもらうようにしていた。普段は炙って出さない貝類なども炙って出してくれ、安心して食べることができた。その心遣いにはとても感謝している。

寿司屋で必ず食べるのはマグロの赤身。僕は鉄分が不足しやすい体質なので、鉄分が豊富で高たんぱくなマグロの赤身は欠かせない。また、貝類が好きなので、ホタテやサザエ、アサリ、ハマグリもよく食べる。貝類には疲労回復と、滋養強壮に効果があるとされるタウリンやミネラルが豊富。またサバやアジ、イワシといった光りものも、血流をよくする不飽和脂肪酸が含まれるため好んで食べている。

中澤佑二のポイント

いつ 1日1回（寿司ではなく魚の場合）

○ 鉄分不足にはマグロの赤身、疲労回復には貝類を

× 生ものなので食アタリのリスクも。食べるタイミングをよく考えよう

オススメは、「マグロの赤身、貝類」

管理栄養士の解説

魚は健康維持に欠かせない食材

●魚に豊富に含まれる良質な脂肪、オメガ3（DHA・EPA）は超重要栄養素

魚には、健康づくりに欠かせないオメガ3（DHA・EPA）が豊富に含まれており、魚をよく食べる人は、そうではない人と比べて死亡リスクが低い*11などの研究結果が多数あります。また、マウスの実験では、DHA・EPAの血中濃度を摂取時間別に測定すると、夜よりも朝のほうが血中濃度が高くなるというデータも*12。魚を食べるなら朝がおすすめです。

中華料理なら鉄分補給のレバニラ炒め！

炒める、揚げる。あぶらたっぷりで調理される中華料理は、できれば避けたいところ。そんな僕がなぜ中華料理店に足を運ぶかというと、レバニラ炒めを食べたいから。僕は鉄分が不足しやすい体質で、血液検査でたびたび指摘されてきた。改善したくていろいろ調べた時に、注目したのがレバニラ炒めだった。レバーは鉄分やビタミンAが豊富で非常に栄養価が高い。ニラとの相性がよく、一緒に食べるとビタミンB_1が持つ疲労回復効果がさらに高まる。食材の相性や調理法で、栄養面がさらに強化されるのは、料理の素晴らしいところだ。最近はアサイー（P84）や牡蠣《かき》（P36）など、別の食材で鉄分を補うようになったため、中華料理店に行く頻度は減ったけれど、10年ほど前は、週に1度は昼飯にレバニラ炒めを食べに通っていた。

食べる時にも、ひと工夫するのが僕流。酢をたっぷりかけるのだ。酢は疲労回復や脂肪燃焼を助け、血糖値の上昇を抑えるなど様々な効果があるといわれる。たとえばスタミナアップの効果が期待できる豚肉が入った餃子に酢をたっぷり、それに、ご飯。僕の定番メニューの1つだ。想像するだけで元気が湧いてくる。

調理の過程で余分なあぶらが落ちる蒸し料理もおすすめ。点心や蒸し鶏など、レパートリーは豊富にあるけれど、中華料理は多人数での食事を想定しているためか、ひと皿の量が多いことがある。1人で食事をする場合は、食べる量に注意が必要だ。

中澤佑二のポイント

いつ 昼食

○ 酢をたっぷりかけて疲労回復&脂肪燃焼

× あぶらを使う料理は避ける
ほかに食べるなら蒸し料理

オススメは、「レバニラ炒めに酢たっぷり」

管理栄養士の解説

鉄不足は貧血、冷え、疲労感の原因[*13]

- 鉄…レバー、アサリ、イワシ、納豆、卵、ほうれん草、牛ヒレ肉
- ビタミンC…ピーマン、ブロッコリー、ゴーヤ、キウイ、いちご

鉄は体内での吸収率が低く、汗や月経でも失われるため、運動習慣のある人や女性は特に不足しがち。野菜などの植物性食品由来の鉄は、肉類などの動物性食品由来の鉄よりも吸収率が悪いため、吸収を助けるビタミンCやたんぱく質と一緒にとるのがおすすめです[*14]。

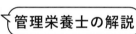

白飯の代わりにそばを 試合前はうどんが最適

白いご飯が大好物な僕だけれど、さすがに毎日3食ともご飯だと飽きが来る。修行僧のような食事をしても仕方がない。さまざまな食材から栄養を摂取するという目的もあり、ご飯の代わりにそばやうどんでたびたび炭水化物をとるようにしている。

そばはご飯よりも栄養価が高く、血液をさらさらにしてくれるほか、疲労回復効果のあるルチンも含んでいる。行きつけのそば屋で必ず食べるのは、「岩のりそば」。岩のり特有の磯の風味も手伝って、さっぱりとした味わい。わかめそばや山菜そばもいい。そばだけだと栄養的に偏ってしまうので、焼き鳥やサラダ、フルーツを追加してバランスをとるようにしている。もちろん最後はそば湯まできっちりいただく。ダイエット目的でそばを食べる人もいるように、食物繊維が豊富なそばは、血糖値の上昇が緩やかなため、脂肪を作りにくいそうだ。

うどんは、炭水化物の塊。消化がよく、戦いに備えるエネルギー源に最適だろう。だから試合の前にたびたび食べていた。キックオフの3〜4時間前に、試合前最後の食事としてチームが用意してくれる軽食がある。その中に、うどんがあった。素うどんに自分でトッピングをするスタイルなので、天ぷらなどの揚げものは、もちろん避ける。僕が入れるのはわかめぐらいだ。海藻類は消化がよくないので本当は避けたいところだけれど、わかめが好きな僕はついついトッピングしてしまうのだった……。

中澤佑二のポイント

いつ 昼

○ 運動の3〜4時間前にうどんを食べればエネルギー源になる

× そばだけだと栄養が偏る
焼き鳥やサラダ、フルーツを追加

オススメは、「岩のりそば」

管理栄養士の解説

炭水化物は「量」より「質」を意識して

- **同じ炭水化物でも栄養素は異なる**
- **うどんはトッピングで栄養価アップ**

うどんもそばも炭水化物ですが、含まれる栄養素が異なります。うどんや白米は精製された炭水化物に、そばは玄米やライ麦パン、キヌアなどと同じ精製されていない炭水化物（全粒穀物）に分類され、そばのほうが食物繊維やビタミン、ミネラルが豊富。うどんを食べる時は、わかめやのり、ねぎ、キノコ、卵などの食材を入れると栄養価がアップします。

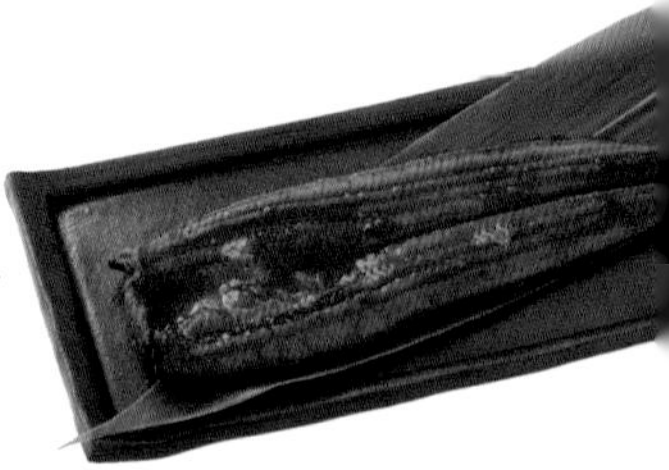

試合前後の栄養補給にスタミナ源の鰻を食らう

鰻《うなぎ》は言わずと知れたスタミナ食。夏バテ防止に適した栄養素が詰まっているからこそ、夏場の土用の丑《うし》の日に食べる習慣が定着したのだろう。

エネルギー代謝の効率を高め、アスリートに欠かせないビタミンB_1を含むB群、粘膜を丈夫にして免疫力も高めるビタミンA、骨を作る手助けになるビタミンD、そして鉄分や亜鉛などのミネラルが豊富に含まれている。鰻のあぶらはDHAやEPAを含んだ不飽和脂肪酸で、悪玉コレステロールを減らし、善玉コレステロールを増やす働きがあるといわれる。

いいこと尽くしだけれど、タレも含めてカロリーが高いことには注意が必要だ。おいしいのでどうしてもたくさん食べたくなるけれど、僕は鰻の量が多すぎるものは頼まない。普通の鰻丼《うな》や鰻重で十分だ。鰻丼や鰻重なら、食欲が減退しがちな暑い時期に、ご飯をしっかり食べられるのもうれしいところ。鰻の肝もおいしいけれど、カロリーが高いので食べすぎには気をつけたい。

現役の頃は、季節に関係なく週に1度は鰻を食べていた。多い時は週2回。昼や夜が多かった。体を回復させたい試合の翌日、栄養補給をしたい試合の前日が多かった。東京の世田谷や目黒に好きな鰻屋があって、身がしっかりとした上質の鰻を出してくれる。横浜での練習から、わざわざ車を飛ばして食べにいくくらい、おいしい。

中澤佑二のポイント

いつ 昼、夜

○ 鰻の量が多すぎない鰻丼や鰻重で十分

× 肝も含めてカロリーは高い。食べすぎ注意

オススメは、「鰻丼」「鰻重」

管理栄養士の解説

鰻は栄養価満点の完全食

●ビタミンA・D・E、カルシウムが豊富
●副菜（野菜・海藻・キノコ）と一緒に

鰻は、栄養素が豊富にとれる優秀な食品。特に、ビタミンA・D・E、カルシウムの含有量が多く、いずれも脳や骨などの体の各器官の正常な形成や機能維持に重要な役割を果たします。成長期には欠かせない栄養素なので、大人だけでなく子どもにもおすすめ。食物繊維を含まないため、野菜サラダ、海藻やキノコ入りの汁ものなどと一緒に食べましょう。

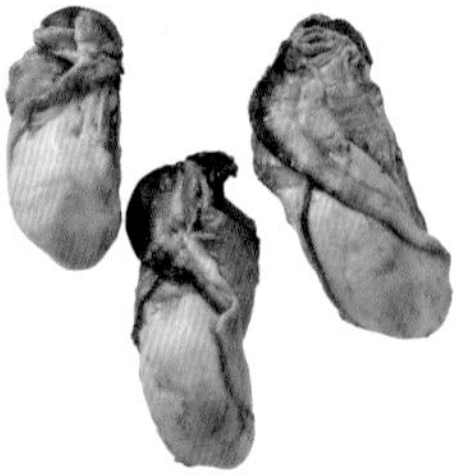

スタミナ食の牡蠣は週1で食卓に登場

牡蠣《かき》は〝海のミルク〟と呼ばれるほど栄養価が高く、スタミナ食として挙げる人もいるだろう。運動をする人に欠かせないグリコーゲンや、強い体をつくる必須アミノ酸に加え、各種ビタミン、亜鉛、ミネラルもたっぷり。貧血に注意が必要な僕にとっては、鉄分が豊富というのも重要なポイント。疲労回復を助けてくれるタウリンも多い。貝類に目がない僕は、牡蠣が大好物。1週間に1度は食卓に登場していたこともある。体力の消耗が激しい夏場は、もっと食べる頻度を増やしていいかもしれない。

牡蠣に含まれるビタミンやタウリンの一部は水溶性なので、本来なら栄養が丸ごととれる生食がおすすめだ。レモンを搾ると味がよくなるだけでなく、栄養を吸収する面でも効果があるといわれている。食アタリが気になるのでシーズン中は控えていたけれど、オフシーズンにはよくオイスターバーに足を運んでいた。引退した今は、気兼ねなく牡蠣を食べられそうだ。

家で食べる場合は、キムチやねぎと炒めたものが定番だった。キムチの効果も重なり、スタミナ抜群。ちなみに加熱調理する場合でも、食アタリを避けるべく念のために加熱用ではなく生食用を選んでいた。小粒のものは10個、大きいものだと5、6個は1度に食べる。スープや鍋に入れ、煮汁までしっかりいただけば、水に溶け出したビタミンやタウリンを逃がさず体内に取り入れることができるはずだ。

中澤佑二のポイント

いつ　週に1度

○　栄養を丸ごととれる生食がおすすめ

×　生食は食アタリに注意

オススメは、「牡蠣のキムチ炒め」

管理栄養士の解説

牡蠣は低カロリーでミネラル豊富

●亜鉛含有量は食品の中でトップクラス

亜鉛は様々な代謝反応に関わっており*15、体の機能を正常に保つうえでは欠かせません。亜鉛は体の中で貯蔵できないため、毎日意識して摂取することが大切です。また亜鉛に限らず、牡蠣にはミネラルが豊富。さらに1個当たりのカロリーが約10キロカロリーと低く、ダイエット中でも安心です。肝機能の向上や筋疲労の軽減*16 *17に有効とされる、タウリンという機能性成分も豊富に含まれています。

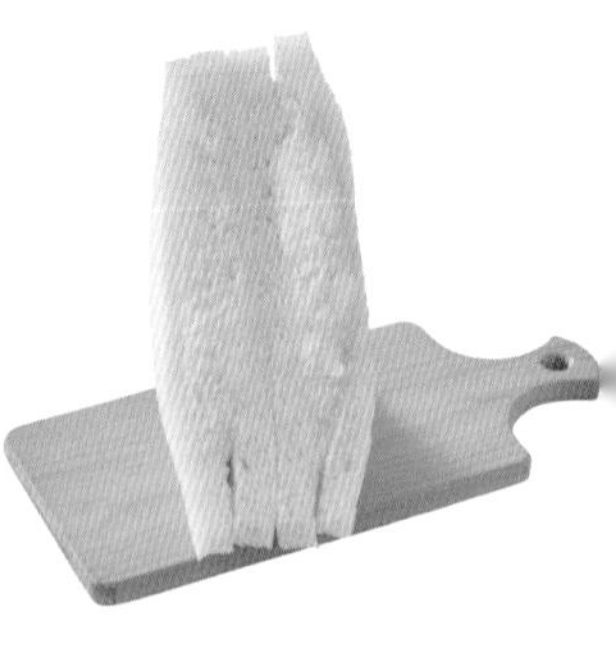

試合後のロッカールームでサンドイッチを頬張る

おにぎりと同じく手軽に食べられるサンドイッチは、運動後の補食にぴったりだ。ホームでの試合後、日産スタジアムの中にあるレストラン「スマイルテーブル」のサンドイッチをロッカールームでよく食べていた。スマイルテーブルは、きちんと栄養計算をし、選手に適した食事を提供してくれる、ありがたい店。昼食場所としても大変お世話になった。ミニハンバーガーなどもあったけれど、僕が手に取るのはサーモンサンドやタマゴサンド。実はここのタマゴサンドには、ほとんどマヨネーズが入っていない。味気ないけれど、トップアスリートの食事というのはそういうものだ。

サンドイッチといえば、コンビニを思い浮かべる人も多いだろう。部活帰りの中高生にとっては強い味方、運動後にとにかく栄養をとりたい時は頼りになる。でも僕は、もう十何年もコンビニのサンドイッチを口にしていない。「おいしそうだな」と手に取り、栄養表示を見てみると、たいていカロリーが高いからだ。原因はマヨネーズで、特にツナサンドやタマゴサンドには大量に入っている。ＢＬＴ（ベーコン・レタス・トマト）サンドも人気だけれど、ベーコンは脂肪の塊なので僕は食べない。かつサンドなどの揚げものが入ったサンドイッチは言わずもがな。よい体をつくるためには、栄養表示を確認し、カロリーの低いサンドイッチを選ぶ習慣を持ってほしい。市販のものより、余分なものを加えず、添加物も減らせる手作りのサンドイッチが理想的だ。

中澤佑二のポイント

いつ 運動後

○ 手軽な補食にぴったり

× マヨネーズが入った脂質の高いサンドイッチは避ける

オススメは、「手作りサンドイッチ」

管理栄養士の解説

サンドイッチは具材選びが大切

- **パンは全粒粉入りの茶色いパンを**
- **即席の手作りサンドで脂質カット**

茶色いパンのサンドイッチには、全粒粉が含まれています。全粒粉は全粒穀物の一種で、白い小麦粉のパンよりも食物繊維が豊富。また、具材選びも重要です。レタスやトマトなどの野菜と、チーズや卵などのたんぱく源の両方が組み合わさったものがベスト。これらを全粒粉食パンで挟み手作りサンドにすれば、マヨネーズなどの余計な脂質もカットできます。

焼き肉は赤身がいい カルビの脂肪は体にたまる

僕は焼き肉が大好き。プロになるまで、僕にとっての焼き肉は地元埼玉にあった「安楽亭」だった。小学生の頃から両親に連れられ家族で食べに出かけた思い出がある。焼き肉のイメージが一変したのがヴェルディ時代。試合に出始め、給料がもらえるようになって財布に余裕ができると、それまで牛タンとカルビくらいしか知らなかった僕が、ザブトン、トモサンカクなど、様々な部位と出合うことになる。こんなにうまいものがあったのかと驚き、和牛をひたすら食した。週2〜3回は焼き肉屋に通い、食べ歩きのような状態。行けば行くほど、未知な味に出合えるのも楽しかった。あぶらっこい揚げものは避けていたのに、なぜか良質な肉の脂肪は体に残りにくいと誤解し、炭火で焼けば、余分な脂肪が落ちるイメージも重なった。これが大きな間違いだった。それまで7%を維持していた体脂肪率が、1カ月で8%台前半に。どう考えても肉が原因だ。好きなものを好きなだけ食べていてはダメだと身をもって学んだ。以来カルビはやめ、食べる部位を考慮した結果、焼き肉屋で口にするのは、脂肪分が少なくサシがほとんど入っていない赤身肉となった。扱っていない店では赤身ロースを塩で食べる。それでも肉の甘みやうまみは十分感じられる。おいしさを感じる食べものには脂肪がある。カルビをじゃんじゃん食べれば、いくら運動していても、体に無駄な脂肪はたまっていく。みなさんもご注意を。

中澤佑二のポイント

いつ 昼か、夜のご褒美ご飯に

○ 脂肪分が少なく、サシが入っていない赤身肉やレバー

× カルビは食べない。好きな部位を好きなだけ食べるのはNG

オススメは、「赤身肉を塩で食べる」

管理栄養士の解説

サンチュで肉を包んで食べよう

- **肉は部位によってカロリーが異なる**
- **脂質をとりすぎないよう工夫を**
- **ダイエット中は、ご飯は控えて**

主な肉の部位を、カロリーの低い順に並べると、レバー→ハツ→ロース→ハラミ→タン→カルビ（P154）となります。牛肉は脂肪の量が30〜40%と多く（豚肉は10%ほど）、食べすぎはカロリー過多になります（脂質1グラム＝9キロカロリー、糖質・たんぱく質1グラム＝4キロカロリー）。白飯は控え、サンチュを活用するなど、工夫しましょう。

週2〜3回食べるカレーは僕のスーパーフード

カレーは僕の大好物、シーズン中は週に2〜3回は食べていた。朝食はほぼ毎日カレーなんていう時期もあった。カレーはスーパーフードだ。好みの野菜や肉を入れられるし、ひと皿でたくさんの栄養素をバランスよく摂取することができる。しかも腹もちがすごくいい。体を動かすと、すぐに腹が減ってしまう燃費が悪い僕を、午前の練習が終わるまでしっかりと支えてくれていたのは、朝カレーだった。

最大のメリットは、様々な栄養がある野菜を効率よく食べられるところ。にんじん、たまねぎ、じゃがいも、トマト、オクラ、なす、ほうれん草……。季節に合わせて好みの野菜を入れることで、味わい豊かになるし、体内の余分な脂肪分を排出する食物繊維もふんだんに摂取できて、一石二鳥だ。体を冷やす生野菜より、調理された温かい野菜を意識して食べている僕にとって、好都合な料理でもある。ちなみに僕は猫舌のため、ほくほく、ごろごろした具材が苦手（笑）。家で食べるカレーは、野菜を細かく切って混ぜ込んだり、原型がわからなくなるまで煮たりして食べている。

もう1つ、カレーの素晴らしい利点がスパイスだ。横浜市都筑区に「ラニ」という行きつけのインド家庭料理店があって、オーナーシェフが季節や体の調子に合ったスパイスを選んでカレーに入れてくれる。「寒い時にはガラムマサラを。体が温まるよ」「リラックス効果が欲しい時はカルダモン」といった具合だ。ターメリック、クミン、コリアンダーに、ガラムマサラ。スパイスは植物由来のサプリメントみたいなもの。血流をよくし、体の内側から調子を整えてくれる。そんな効果を実感した僕は、以来ラニのオーナーシェフに教えてもらったスパイスを、市販のルーで作る家のカレーにも振りかけたり、混ぜたりして食べている。

ラニで好んで頼むカレーは、サグマトン。サグとは青菜を用いたカレー料理のこと。日本ではほうれん草カレーが知られた存在だ。鉄分たっぷりのほうれん草カレーに、低カロリー・高たんぱくの羊の肉をトッピングしたカレーがサグマトン。一緒に食べる主食は、小麦粉にバターやあぶらが練り込んであるナンではなく、全粒粉で作られた平たいパン、チャパティを選ぶ。ナンに比べてカロリーが低く、全粒粉はビタミン、ミネラル、食物繊維などの栄養素を豊富に含むからだ。カレーそのものが比較的に高カロリーなため、一緒に食べるものには気を使うようにしている。

ところでカレーは、腹もちがいい半面、あまり消化がよくないというデメリットがある。朝や昼にカレーを食べれば、しっかりエネルギーとして消費できるけれど、夜なら早い時間に食べないと、内臓に負担がかかってしまうため、気をつけている。

中澤佑二のポイント

いつ 朝、昼、夜。夜は早めの時間

○ 野菜をたっぷり、スパイスを効果的に用いる。主食はチャパティ

× ナンは食べない

オススメは、「サグマトンカレー」

管理栄養士の解説

カレーは具だくさんを心がけて！

- **全粒穀物と食べて栄養の偏りを回避**
- **運動習慣のある人は、果物やヨーグルトを加えると栄養価満点に**

カレーなどの単品食は栄養価が偏りやすいため、具だくさんにし、主食を全粒穀物（ご飯なら玄米や雑穀米、パンならチャパティ）にすれば、ビタミン、ミネラル、食物繊維などの栄養素を効率よく摂取できます。全粒穀物は心筋梗塞や糖尿病、大腸がんのリスクを軽減するという報告もあり[*18]、健康によいとされています。

Photo by Getty Images

たんぱく質&炭水化物 丼ものならダブルで補える

体を強くするたんぱく質と、エネルギー源になる炭水化物。その2つをいかにおいしく、飽きずに食べるか。僕の答えは「丼もの」だ。そば屋や定食屋の定番メニューだから、手軽に食べられるところもいい。数ある丼ものの中でも、僕が選ぶのは、親子丼や玉子丼。あぶらっこいかつ丼や天丼、カルビ丼は、当然NGだ。鰻《うな》丼もいいけれど、それは別項（P34）で紹介している。親子丼は鶏肉と卵、玉子丼は卵で良質のたんぱく質が補給でき、具にしっかり味がついているので、ご飯もおいしく食べられる。比内地鶏の親子丼は見た目も豪華でボリュームたっぷり、満足感がある。僕は鶏肉の皮を1つ1つはいで食べるけれど、鶏皮はコラーゲンが豊富なので、女性の場合は適度に食べる分にはいいと思う。ただし、カロリーが高くなることには注意してほしい。

丼ものを食べる時、気をつけたいのは栄養バランス。たいていそばやうどんとセットになっているけれど、それではお腹は満たされても、栄養的には偏ってしまう。丼ものに付け加えるならば、サラダやフルーツがいいだろう。若手の頃、1つ100円で好きな小鉢を選べる定食屋が僕の行きつけだった。親子丼には、トマトやかぼちゃやキノコ、豆腐、納豆などの小鉢を追加していた。そうした副菜がお店に用意されていない場合は、コンビニでカット野菜やカットフルーツを買って食べるようにしている。好きなものだけを腹いっぱい食べ、それで終わりという食べ方は見直したい。

中澤佑二のポイント

いつ 昼

○ 栄養バランスを考え、サラダやフルーツを追加

× かつ丼、天丼、カルビ丼などのあぶらっこい丼ものは避ける

オススメは、「親子丼」「玉子丼」

管理栄養士の解説

丼もののご飯は、茶碗1.5杯分以上！

- **糖質代謝を促すビタミンB_1を摂取**
- **ビタミンB_1…豆腐、青のり、玄米**

丼ものはご飯の量が多く、運動習慣のある人や育ち盛りにはよいですが、そうでない人は糖質過多になりやすいので注意。また、糖質をエネルギーに変えるためのサポート役であるビタミンB_1が、相対的に不足しやすくなります。丼やカレーなどの単品食の場合は、副菜（お浸しや和えものなどの小鉢や汁もの）を上手に組み合わせましょう。

バナナは補食のナンバーワン 練習や試合前後に食べる

補食に適した食べものをいくつか紹介してきたけれど、トップはバナナだろう。ビタミンに炭水化物、食物繊維もとることができ、エネルギーに変わりやすい。添加物はもちろん入っていない。補食として、ほぼ完璧なフルーツだ。練習や試合の前後に何を食べるかと聞かれたら、答えはバナナ。現役時代は毎日最低でも1本は食べていた。朝か昼に1本。試合のある日は2本。試合前の軽食としてお腹に入れる。

意外と侮れないのが1本売りのコンビニのバナナ。実は各店でこだわりがあり、個装の高級品は、かなりおいしい。中には、甘みを強くするために高地の指定農場で栽培されているものもある。小腹がすいたから、とコンビニの総菜チキンを食べるぐらいなら、断然バナナを選んでほしい。

ちなみにフォークとナイフを使う、かっこいいバナナの食べ方がある。フランス料理のテーブルマナーだそうで、まずバナナを横にして置き、両端をナイフで切り落とす。その後に魚のお腹を裁くみたいにして横にナイフを入れ、皮の部分だけを割く。皮を開いたら、あとは端から輪切りにして食べる。外国の方がやっているのを見かけて、横浜F・マリノス時や日本代表時でやるようになった。ホテルのビュッフェのほか、レストランでバナナが置いてある時には挑戦してみてほしい。初デートでやれば好印象間違いなしかも（笑）。

中澤佑二のポイント

- **いつ** いつでもお腹が減ったら
- **○** 運動の前後に補食として
- **×** 食べすぎには注意

オススメは、「手軽に買えるコンビニのバナナ」

管理栄養士の解説

バナナは優れたエネルギー補給源

●塩分の排出を促すカリウムが豊富

バナナに含まれる果糖やブドウ糖は、砂糖に比べ吸収が速く、運動前後のエネルギー補給に最適。また、塩分（ナトリウム）の排出を促すカリウムを豊富に含むため、血圧が気になる方にもおすすめです。バナナだけでなく、果物は健康増進効果が期待できるため[*19]、ぜひ果物習慣を。一般的な摂取目安は1日200グラム（バナナなら1日2本）、運動習慣のある人は必要に応じて増やしましょう。

運動前後の栄養補給に果汁100%ジュースを飲む

疲労回復や糖分の補給のため、僕が好んで飲んでいたのが100%のフルーツジュースだ。スポーツドリンクを愛用するアスリートもいるが、砂糖や添加物たっぷりなので避けていた。人の手で加えられた糖分は体への影響が気にかかる。僕が重視するのは、天然の糖質だ。味が好みなうえ、手軽に用意できることもあり、愛飲していたのはトロピカーナのオレンジジュース。もちろん、メーカーはなんでもいい。大事なのは砂糖などを加えていない100%のフルーツジュースであること。オレンジジュースならビタミンC、アップルジュースならビタミンCやEに加えカリウムなどの栄養素を補給することもできる。

試合直前は、しっかりした食事をとることはできない。ハーフタイムは言わずもがな。そういう時は、フルーツジュースの出番だ。エネルギー源になり、疲労回復にも役立つアミノ酸サプリの粉末と一緒に流し込み、戦いに備えていた。暑い真夏の練習時、午前と午後に練習がある時は、普通の食事だけでは糖質が足りない。そんな時もフルーツジュースが助けてくれた。ただし、日常的に運動しない人は、飲みすぎに注意。糖分過多になってしまう。余談だけれど、僕がトロピカーナのオレンジジュースをよく飲んでいたのが、横浜F・マリノスの後輩たちにも広がり、同じものを飲む選手が少しずつ増えた。売り上げに多少は貢献したかもしれない（笑）。

中澤佑二のポイント

いつ 運動の前後

○ 100%果汁のもの。糖質やビタミンを補給

× 砂糖を加えているものは避ける

オススメは、「果汁100%のオレンジジュース」

管理栄養士の解説

運動前後の糖質補給源として活用

- **運動時は即効エネルギーが必要**
- **果物と100%フルーツジュースは別もの。どちらも上手に活用を**

糖質はアスリートのパフォーマンスを左右する重要な栄養素。100%フルーツジュースは糖質補給源になる一方で、果物とは違って、特に不溶性食物繊維があまり含まれていないので、運動量の少ない人は摂取を控えましょう。運動前後の栄養補給源として活用するとよいでしょう。

キムチ納豆、キムチチゲ……。1日に1度はキムチ！

おいしいスタミナ食といえば、キムチ。安価で手軽に手に入る、僕にとっての日常食だ。食卓に欠かせない一品で、1日に1度は食べている。

おすすめする最大の理由は、発酵食品であるということ。植物性乳酸菌が腸の調子を整え、免疫力を向上させてくれる。ビタミン類が豊富で、キムチに入っているニンニクのスタミナ増進効果も期待できる。特に夏場の食欲がない時は頼れる食材だ。

僕は、そのまま食べる場合はフレッシュなキムチを。古くなって発酵が進み、少し酸っぱくなったキムチは料理に使う。酸っぱいほうが乳酸菌は増えているので、むしろ健康効果は高いといえる。本場韓国のキムチは、発酵が進んだ酸っぱいものが多い。新鮮なものも、発酵が進んだものも、どちらも味わい深いのがキムチだ。

そのままご飯と一緒に食べることもあるけれど、僕のおすすめは、納豆と混ぜるだけのキムチ納豆。古くなって料理に使う場合は、キムチチゲなどのスープや鍋もの、豚肉と一緒に炒める豚キムチにする。牡蠣《かき》の炒めものにもいい。キムチは何にでも合う。

ちょっと気になるのは、臭い。僕はあまり気にしないけれど、人と会う可能性がある昼間よりも、夜に食べるほうがいいだろう。また、食べすぎると高血圧につながる刺激物でもある。その点はご注意を。市販品の栄養表示を見ると、単なるキムチ風の漬けものであることも多い。これは発酵していないため、おすすめしない。

中澤佑二のポイント

いつ 夜

○ そのまま食べても、料理に使っても

× 臭いが気になる人は昼食では控えて

オススメは、「キムチ納豆」

管理栄養士の解説

腸の健康を守る発酵食品

- **発酵食品…納豆、味噌、麹、糠漬け、キムチ、ヨーグルト**
- **キムチは機能性成分「乳酸菌」が豊富**
- **塩分と香辛料が多く食べすぎに注意**

酵母やカビ、細菌などの菌体が含まれている発酵食品。中でも乳酸菌は、腸の健康を担う大事な成分で、腸内細菌叢に働きかけ、整腸効果をもたらします。キムチにも乳酸菌は豊富に含まれますが、塩分と香辛料を使用した漬けものなので、食べすぎには注意が必要です[*20]。

モズク酢や酢の物で健康効果を狙おう

酢は、その効能を知る前から好物だった。酢のおいしさに目覚めたのは高校生の時、中華料理店で友人から「酢をかけるとうまい」とすすめられたことがきっかけ。酸っぱさがやみつきになり、それからというもの、レバニラ炒めなどあらゆる中華料理に少しずつかけるようになった。そんな僕を見るお店の人の表情は、微妙だ（笑）。「味が壊れる」「邪道」、そんな言葉が顔に書いてある。僕の食べ方はマナー違反かもしれないので、あまりおすすめできないが、酢を使った料理はぜひ試してほしい。

定番は、モズク酢や、きゅうりとわかめの酢の物。酢を使った料理を食事メニューに加えると、食後の血糖値の上昇が緩やかになるそうだ。酢酸と糖質を一緒にとると、グリコーゲンを補給できるので、試合に向けてスタミナを再補充したい時にも最適だ。酢には脂肪の燃焼や、高血圧の抑制といった健康効果もあるといわれている。ただし、酢のとりすぎは、糖尿病のリスクを上げるともいわれている。

最近は「飲むお酢」もポピュラーになった。よく見かけるのはブドウやリンゴで、ジュース感覚で飲めるものもある。僕は砂糖無添加で、フルーツで甘みをつけてあるものを炭酸水で割って飲んでいる。砂糖が入っているものは糖質過多になるので避けたいところ。また、酢の原液や濃度が高いもの、空腹時の摂取は消化器官への悪影響が指摘されているのでご注意を。

中澤佑二のポイント

いつ 朝、昼、夜

○ 酢を使った料理を食事メニューに加える

× 高濃度の酢や、空腹時の摂取は避ける

オススメは、「モズク酢」「きゅうりとわかめの酢の物」

管理栄養士の解説

少量の酢でも健康効果あり

- 酢は健康に寄与する食品の1つ
- 酢をストレートで飲むのはNG
- 果糖ブドウ糖液糖入りの酢は避ける

穀物酢、米酢、黒酢、リンゴ酢、バルサミコ酢、白ワインビネガーなど、酢にはいろいろな種類があります。酢の健康効果は広く知られており、食事に小さじ2杯程度加えるだけで血糖コントロールを良好にするという報告も*21。酢をストレートで飲むと食道をいためる可能性があるので*22、控えましょう。

弁当を選ぶなら魚系こってりおかずは避けて

僕にとって弁当は難敵。コンビニ弁当、仕出し弁当を問わず、必ずといっていいほど揚げものが入っているからだ。用意された弁当を食べることは、できれば避けたいけれど、食べることをとにかく優先しなければならない時もある。たとえば、激しい運動をした後の「ゴールデンタイム」がそう。しっかりと栄養を補給しないと、疲労回復が遅れてしまう。やむを得ず、弁当の力を借りることになる。

わかりやすい例は、アウェーでの試合後だろう。すぐにバスで移動しなければならず、食事をしにどこかに寄ることもできない。そんな時はチームが用意してくれた弁当を車内で食べることになる。オレンジジュースやバナナだけで済ませようとしたこともあったけれど、それでは栄養が足らず、エネルギー源となるグリコーゲンが体内に足りないという実感があった。やはりしっかりとご飯を食べる必要があるのだ。

遠征の際にチームが用意してくれる仕出し弁当は、メインのおかずが肉または魚の2種類。以前はおかずが肉だけの弁当で、それも牛肉のカルビやサーロインといったあぶらっこいものが多かった。ナイター試合の後に、こってり系の弁当を食べるなんてあり得ない。僕が決まって選ぶのは、魚の弁当。定番の鮭やサバが入った弁当ならば、まず問題ない。肉の弁当でも、鶏や牛肉の赤身肉など、脂肪分が少ないおかずならアリだと思う。

中澤佑二のポイント

いつ 運動後など

○ 鮭やサバなど魚のおかずが入った弁当

× 揚げもの、牛肉のカルビやサーロインなど脂肪分の多いおかずは避ける

オススメは、「魚がおかずの弁当」

管理栄養士の解説

主食・主菜・副菜の割合は3対1対2

- **体づくり目的では「主菜」を多めに**
- **ダイエット中は「主食」を控えめに**

弁当は、主食（ご飯・パン・麺）＋主菜（魚・肉・卵・大豆製品）＋副菜（野菜・海藻・キノコ）の3つがそろったものを選びましょう。副菜がほとんど含まれない弁当の場合は、サラダや総菜を1〜2品追加するのもおすすめ。弁当の理想比率は、主食対主菜対副菜＝3対1対2ですが、目的や状況に応じて比率の調整をしましょう。

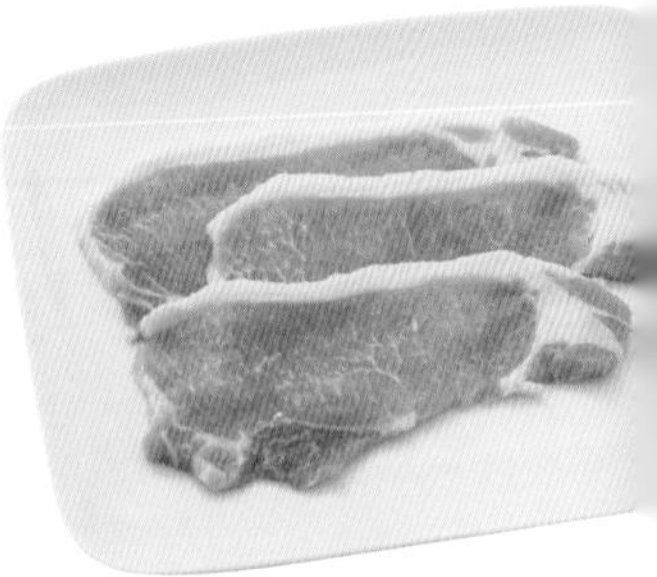

豚肉はアスリート必須 もりもり食べて夏を乗り切る

プロ入り後、栄養士さんに盛んに豚肉をすすめられた。夏場は「豚肉をたくさん食べてください」とさらに強調される。アスリート、特にサッカー選手の夏場の体への負担は相当なもので、1試合で2～3キログラム体重が減る選手もいる。栄養があるものをしっかりと食べなければ、とてもじゃないが夏は乗り切れない。そんな時に最適な食品が豚肉だ。もりもり食べれば、翌日もしっかり戦えるというくらい頼もしい食材。夏場なら毎日1度は食べることを意識していた。

豚肉の最大の特徴は、ビタミンB群がたっぷり含まれていること。中でもビタミンB_1は体内に蓄えられた糖をエネルギーに変換する際の触媒になる。不足するとエネルギーの変換率が悪くなって、体が動かなかったり、けがにつながったりする。つまり、しっかりとビタミンB_1を摂取することができれば、エネルギーをうまく使えるということだ。アスリートには必須の栄養素の1つといっていいだろう。もう1つ、汗とともに体から失われてしまうミネラルを補うことができるのも、豚肉を食べる利点といえる。

数ある豚肉料理の中でも、ショウガ焼きが僕の大好物。特に高校の近くにあった弁当チェーン店のショウガ焼きが大好きだった。味が濃くて量が多くて、白飯が進んだものだ。食べ盛りだった僕にはたまらない思い出の一品だけれど、塩分が多く含まれ、体にはあまりよいとはいえなかったかもしれない……。

当時のような濃い味付けではないけれど、ショウガ焼きは今でもよく食べる。豚しゃぶも定番で、サラダに乗っけて食べるのが好きだ。遠征先のホテルのビュッフェでは豚肉のステーキが並ぶこともある。ロースなら3、4枚食べていた。赤身の部分だけを挽肉にしたピーマンの肉詰めもよく食べた。

豚肉の脂身は体に悪くない、という話を聞くが、やはりとりすぎには注意したい。僕はショウガ焼きなどでも脂身は取り除いて食べていた。おすすめの部位は、ロースやヒレ。脂肪分が少ないと、豚肉独特のぱさぱさした感じが強調されて飽きが来るかもしれないけれど、そこは味付けでひと工夫を。好物のなすと一緒にピリ辛に味付けした豚肉の炒めものを、我が家ではよく作ってもらっていた。

ちなみに、豚肉料理の筆頭格といえば、とんかつ。残念ながら僕の場合、とんかつのおいしさを象徴する衣は、食べる前にすべてはがすことになってしまう。現役中は、強い体をつくることだけを考えて食べていたから、おいしさを求めなかった。だから衣ナシのとんかつが嫌だなんて思ったことはない。

中澤佑二のポイント

- いつ　夏場は1日1度
- ○　ロースやヒレ。味付けにひと工夫
- ×　脂身のとりすぎに注意

オススメは、「ショウガ焼き」

管理栄養士の解説

ビタミンB_1含有量は牛肉の約10倍

●ビタミンB_1はエネルギー産生に必須

●高脂質・低たんぱくなばら肉は避ける

部位によって栄養素が異なる豚肉。豚ばら肉は避け、低脂質＆高たんぱくなヒレやももの部位を選ぶのがポイント（P154）。豚肉に多く含まれるビタミンB_1は、糖質からエネルギーを作り出す過程で必要不可欠な栄養素。ビタミンB_1不足の食事が続くと、エネルギー産生がスムーズに行われず、疲労や運動パフォーマンス低下の原因になることがあります[*23]。

第2章

脂肪をコントロールするダイエットめし

体脂肪量を減少させ、
LBM（除脂肪体重）を
維持するための食事

1日最低1パック毎日納豆生活のすすめ

〝畑のお肉〟と呼ばれる大豆には、良質なたんぱく質が多く含まれている。そんな大豆から作られる納豆は、たんぱく源として頼れる存在。さらに発酵の恩恵によるビタミンB群などが豊富で、疲労回復効果が高く、納豆菌には整腸作用をはじめとした様々な効能も期待される。腸を健康に保つことは、免疫力向上などの健康効果がある。

そんなわけで僕は、毎日1～2パックは納豆を食べている。昼と夜に食べることが多く、遠征先のホテルでも食事会場に必ず用意してもらっていた。腸内の菌は便とともに体外に排出されるといわれ、腸内環境のために毎日摂取することを重視している。

僕の好みは小粒か挽き割り。辛子は使わない。ご飯にかけて食べたり、そのまま食べたりと食べ方もいろいろ。毎日食べるから、飽きないようにトッピングにも工夫をしている。一番好きなのはキムチ納豆だ。キムチと納豆はどちらも発酵食品。味はもちろん、体にもおいしい名コンビだろう。桃屋の「江戸むらさきごはんですよ！」やシソのりなどののりの佃煮も、納豆とよく合う。塩分が気になるので、トッピングを加える場合は、タレは半分だけ使うようにしている。

正直なところ、子どもの頃は納豆が苦手だった。体にいいと聞かされ、無理やり食べていた感じだ。自発的に食べるようになったのはプロになってから。食事にこだわりを持ち、納豆の素晴らしさを知ってからは、僕の食生活に欠かせない存在になった。

中澤佑二のポイント

いつ　昼と夜

○　飽きないようトッピングに工夫を
キムチがよく合う

×　塩分のとりすぎに注意
トッピングを加える時はタレは半分に

オススメは、「キムチ納豆」

管理栄養士の解説

目指せ、アミノ酸スコア100！

●良質なたんぱく質は毎食摂取を

納豆は、ビタミンB_2、カルシウム、納豆菌（整腸作用を持つ善玉菌）を豊富に含む高栄養食品。たんぱく質の〝質〟を示す指標「アミノ酸スコア」が肉類や魚類と同じ100で、優秀なたんぱく源です。アミノ酸スコアが低い食品の場合は、ほかの食品と組み合わせてスコアの改善を。スコアが低い白飯と、スコアが高い納豆を組み合わせた納豆ご飯が好例です。

ステーキ&野菜だけの夕飯で体脂肪が減る

よく食べ、よく動くというのが僕のポリシー。もともと太る体質ではないこともあって、現役時代はダイエットとは縁遠かった。ところが30歳になる少し前に、体に変化が現れた。体脂肪が落ちにくくなってしまったのだ。悩んでいた僕は、炭水化物を抜くことで体脂肪を落とす方法を試すことにした。

夜は炭水化物を断ち、代わりに肉と野菜をたっぷり食べる。脂質が少ない赤身牛肉のステーキと、お皿いっぱいの野菜やキャベツといった具合だ。疑心暗鬼ではあったけれど、驚くほど体脂肪が落ちた。9%くらいでもともとそれほど高くなかった体脂肪が、1%ほど簡単に落ちてびっくりした。体の動きにも切れが出るようになった。

体を絞る、やせるということだけを考えるなら、炭水化物を減らして肉を増やすのは1つの方法だと実感する。たんぱく質をたくさん摂取して動けば筋肉がつき、代謝を上げることができる。肉をたっぷり食べるから満足感もある。ステーキ専門店で肉と野菜だけを食べるダイエットがあるそうだけれど、同じ理屈だろう。

一方で、難点もある。体が軽く感じる半面、すぐに肉離れなどのけがをしてしまうようになったのだ。アスリート、特によく走るサッカー選手が、長いシーズンを戦ううえで、炭水化物抜きダイエットでは体がもたないというのが僕の持論。強い体をつくるなら、やはりバランスよく食べるのが一番だ。

中澤佑二のポイント

いつ 夜

○ 肉は脂質が少ない赤身牛肉など

× 炭水化物断ちは、アスリートには不向き

オススメは、「ステーキ&たっぷり野菜」

管理栄養士の解説

赤身肉&アブラナ科の野菜でリスク低減

- **赤身肉はアブラナ科野菜と一緒にとる**
- **ダイエットなら夜の炭水化物を減らす**

調理済みの肉と、アブラナ科野菜（芽キャベツやブロッコリー）を一緒に食べると解毒機能が向上し、有害物質が代謝されるという報告あり[*24]。組み合わせてとることで健康メリットが期待できます。ダイエットは、正しく食べてやせることが基本。アスリートにとって糖質は最重要栄養素なので、極端な糖質制限ダイエットはおすすめしません。

良質なたんぱく質「豆腐」を肉の代わりに食べよう

チームの管理栄養士さんから「肉だけではなく、植物由来のたんぱく質をとることも大事」とアドバイスされ、豆腐を意識的に食べるようになった。肉はカロリーや脂質が気になる場合があるが、豆腐はその心配がない。栄養が不足したり、偏ったりしがちなダイエットの際にも重宝する食材だ。

子どもの頃は、豆腐が好きではなかった。父の晩酌はいつも豆腐とビール。冷蔵庫に豆腐の買い置きがあって、毎日のようにおかずの一品として出てきた。豆腐でご飯を食べるなんて子どもの僕にはできず、「こんなのおかずじゃない」と反発していた。

おいしさがわかるようになったのは、30歳を過ぎた頃。醤油とショウガで食べる冷や奴や、湯豆腐が食卓の定番になった。夕食時に食べると、「ああ、親父はこれが好きだったんだな」と今では思う。夏場はゴーヤチャンプルーにしてもおいしい。

横浜F・マリノスの選手が昼食をとる日産スタジアム内の「スマイルテーブル」が、〝中澤スペシャル〟の「豆腐バーガー」を作ってくれたこともあった。肉のハンバーガーは食べないけれど、豆腐に少しだけ挽肉を混ぜたパティなら食べてみたい。そう言ったら快く応じてくれた。現役の間、ハンバーガーが食べたくなった時は、いつも豆腐バーガーだった。ちなみに豆腐は、にがりでお腹の調子を崩すこともあるようなので食べすぎに注意。同じ大豆食品の納豆を食べる場合は、豆腐を減らしてもいいだろう。

中澤佑二のポイント

- いつ：いつでも
- ○：食卓の定番は、冷や奴や湯豆腐
- ×：にがりの影響も考え、食べすぎに注意

オススメは、「ゴーヤチャンプルー」

管理栄養士の解説

健康食品として注目を浴びる「豆腐」

●たんぱく質をはじめ、ビタミン、ミネラル、抗酸化物質が豊富

大豆製品は栄養価が高く、豆腐に加工される過程で栄養素の一部が取り除かれた後でも、たんぱく質、食物繊維、ビタミン、ミネラルを豊富に含んでいます。また、機能性成分「イソフラボン」や「サポニン」は抗酸化物質として体内で働きます。豆腐は、摂取量に応じて胃がんのリスクが低減するとの報告もあり[*25]、健康維持には欠かせない食品です。

甘いものが欲しいそんな時は、はちみつに頼る

ダイエット中の人や体脂肪の管理が必要な人でも、たまには息抜きが必要だろう。僕だって「少し甘いものが欲しいな」と思う時がある。無味乾燥な食事ばかりで、修行僧のような生活を送っても長続きしない。

砂糖が入ったジュースやお菓子を避けている僕が甘みを欲する時は、はちみつに頼る。はちみつは砂糖に比べて低カロリーで消化・吸収に優れ、エネルギーに変わりやすい。ビタミンやミネラルもとれるし、黒糖のような、味にちょっとした個性が感じられるところもいい。とはいえ、糖質に変わりはないので過剰摂取にはご注意を。また、アレルギーのリスクもあるというので注意したい。

僕のおすすめは、はちみつショウガ湯。寒い時期、市販のショウガ湯にはちみつを加えて飲む。飲みやすくなるだけでなく、体が温まって免疫力も上がり、アミノ酸やミネラルもとることができる。風邪予防のため、よくコーヒー代わりに飲んでいる。

ほかにも、はちみつをヨーグルトに加えたり、コーヒーに入れたり、バターの代わりにトーストに塗るという食べ方もあるだろう。料理に使えば、魚の臭みを抑えたり、肉を柔らかくするといった効果もあるそうだ。

はちみつは産地などによって値段はピンキリ。僕自身は銘柄にあまりこだわりがない。国産のはちみつなら安心だろう。

中澤佑二のポイント

いつ 甘みが欲しい時に

○ ヨーグルトやコーヒーに加える

× 糖質なのでとりすぎに注意

オススメは、「はちみつショウガ湯」

管理栄養士の解説

はちみつは優秀な甘味料

- **白砂糖よりも糖質量が控えめな、はちみつやメープルシロップを上手に活用**

はちみつは、整腸作用を有するオリゴ糖を含み*26、健康食品としても注目されています。白砂糖の代わりに、はちみつを料理や飲みものに入れて、甘味料として活用するのも1つの方法です。はちみつ以外にも、糖質量が控えめな甘味料（メープルシロップや黒蜜など）があるので、ダイエットなどの用途に合わせて使い分けるとよいでしょう。

お腹にたまるスープでドカ食いを防ごう

ダイエットめしの最も大切なポイントは、ドカ食いをどう防ぐかにある。メインのおかずやご飯ものを食べる前にいかに満腹感を得るか——。その策として、お腹にたまるスープがおすすめだ。体を温めてくれるから免疫力アップにもいい。

我が家ではキャベツ、にんじん、トマトをベースに様々な野菜を煮込んだスープを夕食でよく食べている。食物繊維がたっぷりで、サラダ代わりにもなる一品。体を冷やすといわれる生野菜とは違い、野菜ごろごろのスープなら温野菜をたくさんとることができる。体が温まり、特に冬場はありがたい。スープに挽肉を入れて、食べ応えをプラスすることもある。肉を加えれば、たんぱく質もとることができるので、栄養バランスが向上する。

ポタージュスープも好んで食べる。じゃがいもやかぼちゃ、にんじんのポタージュが定番だ。ミネストローネや、わかめが入った海藻スープもいい。もちろん和のスープ、味噌汁も大好き。汁ものがあると食卓が豊かになる感じがする。
アスリートとして注意していたのは、大量の漢方が入っている薬膳スープ。何が入っているかわからないからドーピング違反が怖い。管理栄養士さんから「漢方は微量でも気をつけたほうがいい。心配なら食べないのがベスト」と言われていた。外食の時にたまに出くわし興味はあったけれど、アドバイスされてからは、現役中は食べることを控えていた。

中澤佑二のポイント

いつ　メインを食べる前に

○　サラダ代わりになる具だくさんスープ。体も温まる

×　アスリートなら、漢方入り薬膳スープは確認が必要かも

オススメは、「野菜ごろごろのスープ」

管理栄養士の解説

スープを食べて野菜習慣を身につけよう

●加熱で吸収率がアップする栄養素も

野菜は長く加熱すると栄養素の損失（特にビタミンC）が起こりますが、スープなら溶け出た栄養素を無駄なくとれます。野菜を食べるならサラダがベストと思いがちですが、にんじんに含まれるβ-カロテン*27など、加熱により吸収率がアップする栄養素もあり、スープは適したメニューです。食べるなら、出汁《だし》をとって、うまみを活かしたスープを。うまみには、食欲抑制効果が報告されています*28。

海藻で脂肪コントロール
前菜感覚で毎日食べたい

海藻類は食物繊維が豊富。海藻特有のねばねばも食物繊維の一種だ。しかも海藻の食物繊維は、摂取効率がよいといわれる。前述したように、食物繊維は余分なあぶらを体外に排出してくれる効果があり、脂肪コントロールの強い味方といえるだろう。さらに低カロリーでお腹にもたまる。ダイエット中の人には心強い味方だ。

海藻には内臓脂肪を減らす効果があるという研究結果もある。ミネラルが豊富というのも大きなポイントだ。過剰に食べるとヨウ素が過度に働き、甲状腺に悪影響があるともいわれる。どんな食品にも当てはまることだけれど、食べすぎには注意したい。

僕はわかめなどの海藻類全般が大好きで、うどんやそばのトッピングとしてよく選ぶ。サラダに加えることもある。我が家の食卓ではモズク酢が定番だ。沖縄料理が好きなこともあり、よく足を運ぶ沖縄産品の専門店に並んでいるモズク酢は切らさない。

少しショウガを加えたり、ニンニクを加えたりしてひと味アレンジしてもいい。外食の時も、モズクがメニューにあれば必ず食べる。同じようにメカブも好物。海藻類が得意じゃない人もいるだろうけれど、サラダと同じように前菜感覚で食べる習慣をつけたい。酢の物にすれば前菜にぴったりだろう。

そういえば海藻類は薄毛予防になるという俗説も聞いたことがある。僕の〝ボンバーヘッド〟を支えているのは、実は海藻なのかも……（笑）、なんてね。

中澤佑二のポイント

- いつ　毎日
- ○　海藻の酢の物を前菜に
- ×　食べすぎに注意

オススメは、「沖縄産のモズク酢」

管理栄養士の解説

海藻類で食事の質をアップ！

- **ミネラル、食物繊維が豊富**
- **フコイダンは注目の機能性成分**

わかめ・昆布・メカブ・モズク・のりなどの海藻類には、ミネラルや食物繊維が豊富に含まれています。ねばねばの食物繊維は、アルギン酸やフコイダンという成分で、どちらも生活習慣病のリスクを低減するといった機能性が注目されています[*29]。また、代謝を調節する甲状腺ホルモンの主原料であるヨウ素というミネラルも、海藻には含まれています。

血糖値を上げない低GI外食では玄米や雑穀米を

食後の血糖値が上がりにくい低GI（グリセミック・インデックス）食品が注目されている。玄米や雑穀米はその筆頭格だ。血糖値が急激に上がると、インスリンの働きでエネルギー源が脂肪として蓄えられる。玄米や雑穀米は、糖質の量は白米とそれほど変わらないけれど、食後の血糖値の上昇が緩やか。加えて、ビタミンB群やカリウム、カルシウム、マグネシウム、鉄分などのミネラル、食物繊維が豊富で栄養価も高い。玄米や雑穀米は白米よりも硬いため、よく噛んで食べる必要があるけれど、噛むことで満腹感を得やすい。同様の効果は、全粒粉で作られたパンやパスタにもある。

いいこと尽くめだけれど、唯一の欠点は味の好みが分かれるということろ。白米に比べて糠の臭いが強い玄米に対して、抵抗がある人もいるだろう。我が家でも、僕だけを優先して毎食玄米や雑穀米にはできない。家族の好みに合わせて、白米を食べる時もある。もともと僕が白いご飯が大好きというのもあるけれど……。だから外食では、玄米や雑穀米を選ぶようにしている。カレーを食べる時、玄米があれば白米は断念。あるいは前述のように、ナンではなく全粒粉のチャパティを選ぶといった具合だ。

意識の高い人なら、3食すべてを玄米や雑穀米、全粒粉の食品に変えてもいいかもしれないが、まずは無理せず、1日1食から始めてみるのがおすすめ。特に脂肪をためやすく、太りやすい夜の食事を、白米から玄米に切り替えてみてはいかがだろうか。

中澤佑二のポイント

いつ 夜の食事。できれば3食すべて

○ 白米の代わりに、玄米や雑穀米を食べる

× 無理しない。まずは1日1食から

オススメは、「玄米のカレーライス」

管理栄養士の解説

習慣的な低GIで血糖をコントロール

- 白米より玄米や雑穀米
- 麺類は意外とGIが低い

習慣的にGIが低い食品を食べている人ほど糖尿病にかかりにくい[*30]など、低GIには健康メリットがあります。代表的な食品のGIは、白米73、玄米68、コーンフレーク81、ミューズリー57、白麦パン75、全粒粉パン74、チャパティ52、スパゲッティ49、うどん55です[*31]。麺類は意外とGIが低いので、そばや全粒粉パスタを主食にするのがおすすめです。

かっこいい憧れの炭酸水は食事のお供におすすめ

炭酸の刺激は満腹感につながる。そのため、がつがつとご飯を食べながら、水やお茶のように炭酸水で流し込むなんていうことは、起こり得ない。食事中にお茶を飲むとカフェインでビタミンの吸収を阻害するといわれていることからも、食事のお供にはぜひ炭酸水をおすすめしたい。ヨーロッパでは、食事中は炭酸水が主流。もちろん無糖。甘い炭酸ジュースではない。

炭酸水を知ったのはプロ入りしてから。「ペリエ」や「サンペレグリノ」を飲んでいる先輩と出会った。試しに飲んでみたら何も味がしない。それにライムやレモンを搾って飲んでいるのを見て「かっこいい」と思ったものだ。当時はあまり一般には流通しておらず、気の利いたレストランに置いてあるぐらい。「コーラは骨が溶ける」という俗説を信じ込んでいたため、炭酸飲料への偏見があったけれど、プロ入りしてから調べてみると、炭酸自体にはなんの害もないことがわかった。それからというもの、レストランなどで気取って「ペリエをください。レモンをつけて」と注文するようになった（笑）。炭酸水がおしゃれ。そんな時代もあったのだ（勝手な思い込み……）。

お酒を飲まない僕でも、炭酸水を飲んでいればなんとなく雰囲気は味わえる。炭酸水には食事を華やかにしてくれる効果もある。オレンジなどの果汁100%のジュースを炭酸水で割れば、添加物なしの炭酸ジュースができる。これもおすすめです。

中澤佑二のポイント

いつ 食事中

○ 炭酸による満腹感で食べすぎを防ぐ

× 砂糖の入った炭酸ジュースはNG

オススメは、「果汁100%ジュースの炭酸水割り」

管理栄養士の解説

水よりも有意に満腹感を生む炭酸水

- ただし満腹感は一時的なもの
- 炭酸水のみの極端なダイエットはNG

ダイエットの観点から考えると、炭酸水は水よりも容易に満腹感を得やすいのが1つのポイントになります。ただし、炭酸水による満腹感は、あくまでも一時的なものと考えたほうがよさそうです。
炭酸水を飲みすぎて、食事量が減り、エネルギーや栄養不足に陥らないように注意しましょう。

サラダは毎食お皿いっぱい食事の最初に食べよう

毎食お皿いっぱい、必ずサラダを食べる。それを僕は目標にしている。

なぜなら、食物繊維をしっかりとりたいから。ビタミンはサプリメントで摂取できるという考え方もあるけれど、食物繊維は野菜を食べて摂取するのが最も効率がいい。食物繊維が豊富で、手軽に手に入る葉ものの野菜といえば、キャベツやレタス。食物繊維には余分なあぶらを体外に排出する効果があって、たとえばとんかつを食べにいくと一緒にキャベツが出てくるのは、その好例。食べ合わせがよいうえ、不必要な揚げものの油分を、キャベツを食べることによって体内から取り除くという狙いがある。

もう1つ、肉や魚といった主菜やご飯を食べる前にサラダを食べることで、満腹感が得られるというのもある。まずはしっかり野菜を食べることによって、カロリーが高いおかずの食べすぎを防ぐことができる。また特に空腹時は、先に野菜を食べることで血糖値の急激な上昇を抑えられるといわれる。ダイエット中の食事は、食べる順番が大事というのは今や常識だろう。コース料理で前菜やサラダ、スープから先に食べるのは、とても理に適っている。脂肪をコントロールするという意味で、サラダは絶対に欠かすことができない。

僕の場合は、毎日食べるからこそ、飽きがこない工夫をしている。葉もの野菜に加えて、アスパラガスやブロッコリー、トマトといった栄養豊富な野菜は常連。たまねぎ、ピーマンやパプリカなど、味や食感に変化を加える意味で、いろいろな野菜を食べている。海藻類やチキン、豚しゃぶを加えることもある。味付けはシンプルに、ゴマ、オリーブオイル、塩。ドレッシングは使わない。でも、ドレッシングがないと食べられないという人もいるだろうから、使うことを否定はしない。一番大事なことは、しっかりと野菜を食べることだ。

今は野菜が大好きだけれど、小学生の頃は苦手だった。実家では、焼いたりゆでたりしただけの野菜が、なんの味付けもなしに食卓に出てくることが多く、味気ないにんじんやなす、ピーマンにかなり苦戦した。高校生の時に中華料理店で野菜炒めを食べて「ちゃんと味付けしてある野菜ってこんなにおいしいんだ」と気がついたこと、また、プロを目指し食生活を変えたことをきっかけに、野菜嫌いがなおった。

特に子どもにサラダを食べてほしい時、ドレッシングに頼ることがあるかもしれない。注意してほしいのは、市販のドレッシングの中には意外とカロリーが高いものがあるということ。使いすぎは塩分過多にもつながる。使うなら、ノンオイルのドレッシングをおすすめしたい。

中澤佑二のポイント

いつ 毎食

○ 主菜やご飯の前に食べる

× ドレッシングの使いすぎに注意

オススメは、「海藻類やチキン、豚しゃぶのサラダ」

管理栄養士の解説

生野菜なら両手山盛り3杯は食べたい

- 緑黄色野菜…にんじん、ピーマン
- 淡色野菜…もやし、白菜、キャベツ

食事は、野菜から食べ始めると血糖値の上昇が緩やかになるといわれていますが[*32 *33]、同様の結果は肉や魚のたんぱく質でも示されています[*34]。大事なのは、赤や黄、緑、白などの様々な種類の野菜を毎食しっかり食べること。野菜の摂取量の目安は、1日350グラム。生野菜なら両手山盛り3杯分以上、ゆで野菜なら両手山盛り1.5杯以上に相当します。

第3章

年齢に負けない
アンチエイジング
めし

カギは抗酸化物質の摂取と、
活性酸素を除去すること。
現役を長く続けるために、
老化を遅らせたい。
そのための食事法を紹介

抗酸化のすご〜い野菜 アスパラガス

アスパラガスのおいしさに気がついたのは、横浜F・マリノスの新潟県十日町キャンプでのことだ。プロのサッカーチームは夏場に涼しいところで、後半戦に備えた合宿を行う。暑い中での練習は疲労がたまり、集中力も低下するからだ。新潟は気候がよく、実戦的な戦術練習をしっかり積むことができる。そのうえ食べものもおいしい。

十日町は太くて大きいアスパラガスが名物で、地元の方からたくさん提供していただいた。バーベキューなどでおいしく食べ、さらにお土産で持って帰るほど気に入った。現役時代の思い出の一品だ。

アスパラガスは抗酸化ビタミンと呼ばれるβ-カロテンやビタミンC、ビタミンE、抗酸化作用があるルチンやグルタチオンに加え、エネルギー効率を向上させるアスパラギン酸などを含んでいる。リラックス作用がある成分も含まれ、アスパラガス由来の成分から作ったサプリメントもあるほど。糖尿病予防や胃を守る効果まであるというから、すごい野菜だ。サラダに入れても、炭火で焼いても、ソテーして食べてもおいしい。パスタに入れるのも好きだ。

栄養面だけでなく、味の面でも万能野菜。大好きなので毎日食べたいくらいだけれど、1つ難点も……。体質によっては、アスパラガスを食べた後におしっこが臭くなると感じる人がいるようで、実は僕もその1人。食後のトイレにはご注意を（笑）。

中澤佑二のポイント

- **いつ** 毎日食べたい
- **○** サラダに入れたり、炭火焼きにしたり
- **×** 食べた後、体質的に尿が臭くなる人がいる

オススメは、「新潟県十日町のアスパラガス」

管理栄養士の解説

抗酸化物質は、長寿の秘訣！

- **植物性食品は抗酸化物質の宝庫**
- **ポリフェノールの一種「ルチン」**

β-カロテンやビタミンE・B群が豊富に含まれているアスパラガス。ホワイトアスパラガスは鉄を多く含みますが、一般的にはグリーンアスパラガスのほうが栄養価は高いとされています。43種類の野菜の抗酸化力を比較した調査では、アスパラガスに含まれるポリフェノールの「ルチン」に強い抗酸化力が見られたと報告されています*35。

奇跡のフルーツ、アサイーはアンチエイジングの味方

アサイーは、ブラジルの国民食。「奇跡のフルーツ」ともいわれるほど栄養価が高い。アンチエイジングに関していえば、ポリフェノールの含有量が圧倒的に多い。ポリフェノールは、活性酸素を取り除く抗酸化作用があるといわれ、老化との関係が指摘されている。さらにアサイーは、鉄分も豊富。貧血になりやすい僕にぴったりだ。毎日飲んでいたため、アサイーの輸入代理店であるフルッタフルッタさんから「ベストアサイーニスト」に選ばれたこともある。

ブルーベリーのような形状で、ブラジルではジュースにして飲んだり、ペースト状にしたものをヨーグルトに混ぜたりして日常的に食べている。日本でも広く流通するようになり、成城石井などの輸入品を扱うスーパーでは、ジュースやピューレ状のものが売られている。大事な点は、砂糖で味付けされていないものを選ぶこと。アサイーそのものはやや苦く、酸っぱい。はちみつなどで味付けされているならいいけれど、砂糖で味付けしてある場合は、かなりカロリーが高くなる。砂糖は加えず、バナナなどのフルーツの甘みで食べやすくし、デザート代わりにするのがいい。

おしゃれなカフェでは、グラノーラと組み合わせたアサイーボウルがメニューにあることも。フリーズドライで粉末状にしたアサイーは携帯しやすく、遠征に持っていってはヨーグルトに混ぜて食べていた時期もある。

中澤佑二のポイント

いつ 朝食やデザート代わりに

○ フルーツで甘みをつけると食べやすくなる

× 砂糖で味付けしたものは避ける

オススメは、「バナナ&アサイー」

管理栄養士の解説

スーパーフルーツの健康効果は抜群

●アサイーのビタミンE含有量はベリー系果物の中でトップクラス

アサイー、アセロラ、カムカムなどのスーパーフルーツと呼ばれる果物は、抗酸化力を含む様々な健康効果が知られています*36。中でも、アントシアニンやビタミンEを豊富に含むアサイーは、血管機能を改善するとの報告も*37。キウイやいちごなど、ビタミンEの抗酸化力を再生するビタミンCを含む果物と一緒に食べるのがおすすめです。

コーヒーで血液さらさら「朝食後1杯」のすすめ

コーヒーには抗酸化作用のあるポリフェノールが、赤ワインと同じくらい含まれている。コーヒーを飲むと血液がさらさらになり、心臓病や脳卒中などの病気にかかりにくくなるほか、代謝が高まり、運動前に飲むと脂肪燃焼効果があるともいわれる。

僕は、朝食を食べて午前練習に向かう車の中でコーヒーを飲むのが習慣だった。よく飲むのはブラックコーヒー。牛乳を混ぜてカフェオレにしたり、アイスコーヒーにしたりすることもある。カフェイン摂取量に気をつけたいので1日1〜3杯。夜は飲まない。胃によくないといわれる空腹時も避けたい。最近はカフェインレスのコーヒーもあり、健康効果はそのままと聞く。カフェインが気になる人にはおすすめだ。

コーヒーを飲み始めたのは、日本代表入りした20代初め。合宿中の宿舎で、食後に先輩たちが集まり、デザートやパンが並んだテーブルでコーヒーを片手にサッカーについて語り合う。その輪に加わり、真似るうちに僕も飲むようになった。ちなみに中田英寿さんが飲むのは、イタリア仕込みのエスプレッソ。砂糖をちょっと入れて、小さなカップをくっと飲み干す姿はかっこよかった。それを見て、僕もこっそりエスプレッソに挑戦したが、苦いのなんの。宮本恒靖さんがホットコーヒーをゆっくり飲んでいる姿も絵になった。コーヒーは大人の仲間入りをするための、入り口みたいな感じがあった。

中澤佑二のポイント

- **いつ** 夜は避ける
- **○** 1日1～3杯。運動前に飲めば脂肪燃焼効果も期待
- **×** 空腹時は避ける。カフェインの摂取量に注意

オススメは、「無脂肪ミルク入りカフェオレ」

管理栄養士の解説

多岐にわたるコーヒーの健康効果

- 代表的な機能性成分「クロロゲン酸」
- 脂肪燃焼を促す効果もあり
- 不眠がちな人は夜の摂取を控えて

利尿作用や覚醒作用を持つカフェイン、ポリフェノールの一種クロロゲン酸など、数百もの物質（数千という見解も）を含むコーヒーは、習慣的な摂取が健康に寄与することが知られています*38。ただし、夜1杯飲むだけで睡眠の質が低下するという報告もあるので、飲むタイミングには注意しましょう*39。

野菜が足りない外食時はケールのスムージー

野菜ジュース、青汁、スムージーなど、野菜の栄養が摂取できることを謳《うた》う飲みものは、日本人の生活にすっかり定着した。コンビニでも様々な種類が並び、通販でも簡単に購入できる。

野菜やフルーツを日常的にたくさんとるのが難しく、ジュースに頼る人も多いことだろう。加工の過程でビタミンなどの栄養素が失われるとの指摘があり、市販の野菜ジュース類の栄養的な効果には疑問もあるようだ。僕の場合は、外食で野菜が足りなかった時などに、専門店やカフェに足を運び、スムージーを飲むようにしている。

スムージーを選ぶ時は、必ず何が入っているかを店員さんに確認する。注意すべきは糖質過多だ。砂糖が加えてあるものは論外。牛乳や豆乳が入ったスムージーも避けるようにしている。原材料が野菜や果物だけでも、糖質が多すぎる場合があるので注意したい。フルーツが過剰に入っているものや、にんじんなどの根菜類が多いものは、カロリーや糖質オーバーにつながる。

僕の定番は、ケールなどの葉もの野菜に、バナナやリンゴを組み合わせ、はちみつで味を整えたもの。ケールは抗酸化作用のあるβ-カロテンが豊富で、アンチエイジングにも効果があるといわれている。ブラジルの果物で、栄養価が高いアサイー（P84）が入ったものもおすすめだ。

中澤佑二のポイント

いつ 野菜不足の時に

○ 市販のジュースではなく、専門店のスムージー

× 糖質が多い根菜類やフルーツが過剰に入ったものは避ける

オススメは、「ケールのスムージー」

管理栄養士の解説

ジュースでも栄養素が壊れにくいケール

- **野菜ジュースと生の野菜は別もの**
- **ケールは優れた機能性食品の1つ**

野菜不足を市販の野菜ジュースで補おうと考える人もいますが、それは誤った考え方です。野菜を搾汁したり、加熱処理をしたりしてジュースにすると、ビタミンCや食物繊維などの栄養素が失われやすく、生の野菜とは栄養価がまったく異なります。ただし、野菜の中には、加熱処理した後でも機能性が変わらないものも。ケールは、そのうちの1つです[*40]。

35歳から始めた習慣 苦いチョコレートをかじる

僕は、甘いものを食べないだけで、嫌いなわけではない。高校生までは口にしていた。当時おしゃれなデザートの代表格だったティラミスはよく食べたし、バニラアイスも好き。でもプロになって、栄養指導を受けるようになってからは、食べるのをやめた。糖質は、ご飯やパスタなどの炭水化物のほか、フルーツからも摂取している。さらにスイーツが加わると、糖質過多になってしまう。

基本的にスイーツは一切口にしないけれど、チョコレートだけは5年ほど前から食べるようにしている。35歳を過ぎた頃、山で遭難者がチョコレートを食べて生き延びた、というニュースを見て、試合前やハーフタイムにチョコレートを少しだけかじるのを試したのがきっかけだ。

カカオポリフェノールの抗酸化作用に着目しているというのも、僕がチョコレートを食べる理由。チョコレートに入っているカカオは近年、健康への効果が注目されている。神経の高ぶりを抑えるリラックス効果もあるといわれ、コーヒーのお供や、連戦などで疲れた時の糖質補給も兼ねて食べていた。といってもデザートではないので、僕が食べるチョコレートは苦い。砂糖など余計な原材料が入っていないもの、はちみつだけで味付けしてあるものなどを、専門店で探して買っていた。チョコレートを食べるというよりも、カカオを摂取するというイメージでとらえてほしい。

中澤佑二のポイント

いつ コーヒーのお供や、疲れた時に

○ できれば無糖のものを、カカオを摂取するイメージで

× 砂糖入りなど、糖質過多のものは避ける

オススメは、「はちみつで味付けしたチョコレート」

管理栄養士の解説

カカオに含まれるポリフェノールに注目

- **機能性成分「カカオポリフェノール」**
- **脂質量が多いチョコレートに注意**

チョコレートのポリフェノール含有量は、赤ワインやコーヒーよりも豊富です[*41]。代表的なポリフェノール「カカオポリフェノール」には、高血圧や動脈硬化の予防効果があるとの報告も[*42]。一方で、国民生活センターの調査によると、高カカオチョコレートには通常のチョコレートの1.2〜1.5倍の脂質を含むものがあるとのこと[*43]。食べる量に注意が必要です。

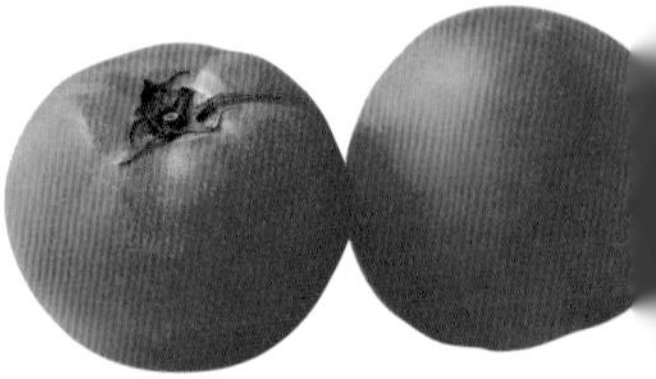

きっかけは「となりのトトロ」老化防止にトマトを食す

トマトは、その栄養効果を知る前から好きだった。きっかけは、子どもの頃に見たアニメ映画『となりのトトロ』で、登場人物がきゅうりやトマトを小川の水で冷やしてかぶりつくシーン。それに憧れて同じようなことをしたところ、実際にすごくおいしかった。新鮮な野菜を洗って、すぐにかぶりつく。これこそが野菜の醍醐味。今でも一番好きな食べ方だ。

トマトには、β-カロテンの仲間、リコピンが豊富に含まれる。リコピンは、肌や血管の老化の原因といわれる活性酸素を除去する抗酸化作用が高い。トマトを食べれば病気知らず、ともいわれる。

生で食べるのもおいしいけれど、加熱して食べるとリコピンの吸収率が上がるそうだ。海外のホテルで朝食ビュッフェによく出てくる焼きトマトは、我が家の定番。もちろんスライスしてサラダに入れてもいいし、煮ても、スープにしてもソースにしても、おいしい。リコピンの摂取にはトマトジュースもおすすめで、より吸収率が高いともいわれている。

通常のトマトよりも、栄養価が高いと評判のミニトマトもよく食べる。スーパーなどで手軽に手に入り、1年中食べられる食材。毎食なんらかの形でメニューに取り入れるようにしている。

中澤佑二のポイント

いつ 毎食

○ サラダに入れても、焼いても、ソースにしても

× 食べすぎに注意

オススメは、「焼きトマト」

管理栄養士の解説

ヘルシーでうまみたっぷりのトマト

- **強い抗酸化作用を持つリコピンが豊富**
- **うまみを活かして様々な料理に**

抗酸化作用の強いリコピンのほか、ビタミンCやβ-カロテンを含むトマト。リコピンにはコレステロールや血圧を下げる効果があるといわれています[*44]。また、トマトは昆布と同じアミノ酸系のうまみ成分（グルタミン酸）が豊富。核酸系のうまみ成分（イノシン酸やグアニル酸）を持つ魚介類や肉類と一緒に食べると、おいしさがアップします。

血管を若く、疲労も回復 1日少量のナッツを

ナッツは天然のサプリメントといわれるほど栄養価が高い。血管を若く保ち、血液をさらさらにし、疲労回復を促してくれる。アスリートとしてのアンチエイジングを考え始めた35歳くらいから、1日5〜6粒程度を意識的に食べている。

主に食べるのはクルミ、カシューナッツ、マカダミアナッツ、アーモンド。クルミは、心臓疾患などのリスクを下げる不飽和脂肪酸の一種、オメガ3脂肪酸がたっぷり含まれる。カシューナッツやマカダミアナッツには、血液をさらさらにするオレイン酸、アーモンドにはビタミンEや抗酸化作用があるポリフェノールが含まれている。これらの健康効果が注目されているのか、最近はコンビニなどでもよく見かける。

僕は昼や夕方、もしくは夜に、1日5、6粒食べる。サプリメントの感覚だ。小腹は満たされないけれど、それでいい。糖質制限をしている人が、お腹を満たすためにナッツ類をたくさん食べるという話を聞くけれど、ナッツだけをぼりぼり食べて、お腹を満たすことには賛成できない。大事なことは、様々な栄養をいろいろな食品から摂取することだ。

ナッツ類は脂質が高いので、食べすぎには注意したい。炒めたり、揚げたりしてあぶらで加工したもの、余分な味がついているナッツも避けたい。砕いてサラダやヨーグルトに入れて食べる時にも、味がついていないほうが使いやすい。

中澤佑二のポイント

いつ　昼や夕方、夜

○　1度に2～3粒、1日5～6粒前後

×　油で加工したものや味付きのものは避ける

オススメは、「砕いてサラダやヨーグルトに入れる」

管理栄養士の解説

ナッツ習慣を身につけよう！

- ナッツにもいろいろな種類がある
- 栄養成分ではクルミが最強

ナッツを多く食べる人は、総死亡率や心血管疾患による死亡率が低く*45、また1日14グラムのナッツの摂取が体重増加を抑制し、肥満リスクを下げるという報告も*46。ナッツは種類によって栄養素が異なり、クルミには良質な脂肪酸、オメガ3（α-リノレン酸）が豊富。マカダミアナッツには、とりすぎに注意したい飽和脂肪酸がやや多く含まれています。

実はビタミンCの宝庫 毎日食べたいブロッコリー

ゆでたて熱々のブロッコリーを、マヨネーズと一緒にがぶり。テレビCMにもなりそうな、おいしそうな絵が浮かぶでしょう。現役時代の僕はマヨネーズを避けていたけれど、プロ入りする前はそんな食べ方も大好きだった。

プロ入り後、専門書を買いあさり、食品の栄養価を調べることに熱中した時期に、ブロッコリーの優秀さを知った。特にすごいのがビタミンC。レモンなど、酸っぱい柑橘系フルーツに含まれているイメージがあるけれど、実はブロッコリーがトップクラス。ほかにも、抗酸化作用のあるビタミンEやビタミンB、食物繊維、鉄分、葉酸など、栄養がたっぷりと詰まっている。毎日なんらかの形で食べることに努めたい野菜の1つだ。

子どもの頃、ゆでてから時間がたった弁当のブロッコリーに臭みを感じ、苦手だった時期がある。今でも冷えたブロッコリーは少し気になることがあるため、食べ方をひと工夫している。ゆでてサラダに添えるだけではなく、我が家ではスープや炒めものにも活用。コンソメスープにブロッコリーをたっぷり入れて煮込む一品は、夕食の定番だ。水に溶け出したビタミン類も逃がさず、おいしく摂取できる。同じく抗酸化作用があるアスパラガスと一緒に炒めたひと皿も好物。ブロッコリーとアスパラガスは、アンチエイジングに抜群の効果がある組み合わせだろう。

中澤佑二のポイント

- いつ：毎日
- ○：ゆでるだけでなく、炒めものやスープにしても
- ×：マヨネーズは避ける

オススメは、「ブロッコリーとアスパラガスの炒めもの」

管理栄養士の解説

茎まで食べたいブロッコリー

- 免疫力アップにアブラナ科野菜を
- 「スルフォラファン」にも注目

ブロッコリーを含むアブラナ科の野菜は、体の免疫機能を向上させる効果があるといわれています[*47]。さらにブロッコリーに含まれるポリフェノールの「スルフォラファン」には、解毒や抗酸化物質としての働きも。β-カロテンやビタミンEも豊富なうえ、ビタミンCの供給源としても優れています。特に茎の部分に栄養が含まれているので、余さず食べましょう。

ニンニク、ショウガ、ミョウガ、「香味野菜」で味変！

栄養面を重視する僕の食事は、時として「おいしさ」を犠牲にすることがある。塩分や甘み、脂質はおいしさに直結するけれど、アスリートとしてのパフォーマンス維持を考え、控えざるを得ない。結果、食事が味気なくなってしまうのだ。

そんな時、心強いのがニンニク、ショウガ、ミョウガといった香味野菜。無味乾燥になりがちなアスリートの食事に、味の変化を加えてくれるうえ、抗酸化作用も期待できる。食卓を香り豊かにもしてくれる。

僕が大好きなのはニンニク。抗酸化作用に加え、スタミナアップや体を温める効果、免疫力の向上も見込める。食欲を刺激してくれることもあって、ペペロンチーノのパスタなど、好物の味付けはニンニクが効いているものが多い。ニンニクを使ったキムチも、毎日のように食卓に並ぶ。臭いが気になる人は、外出時には控えたほうがいいかもしれないけれど、僕は気にしない。外出先でも食べたいくらいだ（笑）。

ショウガは、肉や刺身など何にでも合うけれど、僕は味噌汁に入れて味に変化を加えている。ミョウガも同じく味噌汁、あるいは湯豆腐に加えて食べる。

抗酸化ビタミンであるビタミンEや、ミネラルが豊富なゴマも、スパイス代わりによく使う。栄養をとり込みやすい擦りゴマを、サラダやご飯にかけることが多い。ゴマの脂質はコレステロールを下げる効果があり、アンチエイジングへの期待大だ。

中澤佑二のポイント

いつ 味に変化を加えたい時

○ ショウガやミョウガは味噌汁に

× 臭いが気になる時はニンニクを控えめに

オススメは、「ニンニクたっぷりのペペロンチーノ」

管理栄養士の解説

香味野菜はファイトケミカルの宝庫

- **ニンニクの香味成分「アリシン」**
- **ショウガの辛み成分「ジンゲロール」**

香味野菜はその名の通り、辛みや香りを生み出す成分が豊富。それらは機能性が高いことから、ファイトケミカル（植物由来科学物質）とも呼ばれています。香味野菜の多くは、抗炎症・抗酸化作用などを有し、動脈硬化の予防効果を示す報告もあります[*48]。たとえ量が少なくても、1回、1回、習慣的に香味野菜を摂取することがとても重要です。

PUMA

第4章

病気を予防するコンディショニングめし

けがや病気の予防だけではなく、
最高のパフォーマンスを
発揮するためにも、日頃から
「食べて、コンディションを
管理する」ことが重要

リンゴは医者を遠ざける 毎日皮ごと丸かじり

40歳まで現役を続け、「鉄人」と呼ばれた僕だけれど、子どもの頃は病弱ですぐに風邪をひいていた。プロ選手は、ドーピングコントロールのために簡単に薬を飲むことができず、体調管理やコンディショニングには人一倍気をつける必要がある。そんな僕が心がけたのは、食生活の改善。以来体調を崩すことが滅多になくなった。

食事を通して病気を予防するという観点から、最もおすすめしたいのがリンゴだ。食物繊維やカリウム、ポリフェノールが豊富。毎日食べる人は、がんや高血圧、心臓病などの病気を患うリスクが減少するという研究結果もある。

イギリスには「1日1個のリンゴは医者を遠ざける」ということわざがある。日本でも、「リンゴが赤くなると医者が青くなる」といわれる。国を問わず、リンゴの健康効果が認められている証拠だろう。

僕がリンゴに着目したのは、20代後半くらい。毎日2分の1個以上は食べるようにしている。横浜F・マリノスの選手が昼食を食べる日産スタジアム内のレストラン「スマイルテーブル」でも、僕のこだわりを理解して必ずリンゴを出してくれるようになった。リンゴの栄養は、皮に詰まっている。だから普段は皮ごと丸かじり。スマイルテーブルでは、カットしたリンゴの皮の部分を、ウサギの耳の形にしてくれる。もちろん残さず、ありがたくいただいていた。

中澤佑二のポイント

- いつ　毎日
- ○　1日1／2個以上
- ×　皮をむくと栄養価が減少

オススメは、「皮ごと丸かじり」

管理栄養士の解説

皮の部分が高栄養。丸ごと食べよう！

- **機能性成分「エピカテキン」**
- **整腸作用を促す不溶性食物繊維が豊富**

リンゴには、強い抗酸化力を持つエピカテキンなどのポリフェノールが含まれており、そのほとんどが皮と皮の周辺に集中。さらに、整腸作用を促す不溶性食物繊維や水溶性食物繊維ペクチン、塩分（ナトリウム）の排出を促すカリウムも含まれています。がんの予防効果も期待されており[*49]、リンゴを含む果物の習慣的な摂取は、病気を防ぐうえで重要です。

体に必須の脂質はオリーブオイルでとろう

脂質は、人間の体に必須の栄養素。揚げものや肉の脂身は避けながらも、体によい脂肪分をとって脂質を補う必要がある。その代表選手が、オリーブオイル。悪玉コレステロールを下げる不飽和脂肪酸の一種、オレイン酸を多く含んでいる。ちなみにオレイン酸は、体内では合成されにくく、食事での摂取が推奨されている。

僕はドレッシングのかかった野菜は食べない。ドレッシングの代わりに、オリーブオイルと塩で食べる。炒めものにもオリーブオイルを使うし、スープに垂らすこともある。あぶらを使う時は、すべてオリーブオイルでもいいぐらいだ。最近はMCTオイル（ココナッツやヤシの核に含まれる脂肪酸を取り出したあぶら）にも注目している。エネルギーに変わりやすく、脳の働きを活性化するといわれ、昼食のサラダにはMCTオイル、夕食にはオリーブオイルといった使い分けをしている。ただし、あぶらに変わりはないので、使いすぎには注意。カロリーオーバーになってしまう。

オリーブオイルとの出合いは2003年頃。当時、イタリア1部リーグ（セリアA）に挑戦していた柳沢敦（現・J1鹿島ユースコーチ）と日本代表合宿で一緒になった時、パンにオリーブオイルを垂らして食べている姿を目撃したのがきっかけ。甘いマスクの柳沢が「イタリアではこうやって食べるんだ」と語る姿に、思わず「かっこいい……」と感激してしまった。すぐに真似してみたのは言うまでもない（笑）。

中澤佑二のポイント

いつ 毎日

○ サラダ、炒めもの、スープに

× 使いすぎはカロリーオーバーになるので注意

オススメは、「サラダにはオリーブオイルと塩」

管理栄養士の解説

オレイン酸75％の万能オイル

●健康のヒントは地中海食にあり

油脂は肥満や動脈硬化を促進する要因ですが、オリーブオイルを日常的にとる地中海地域では、心血管疾患による死亡率が低いとの報告も*50。そんな背景から、オリーブオイルのコレステロール低減効果が注目されています。良質な不飽和脂肪酸のオレイン酸が約75％を占め、サラダにも加熱調理にも使えるオリーブオイル。光に弱いため、遮光瓶入りを選び、直射日光を避けて保存しましょう。

1日1食キノコを食べよう
〝菌活〟で免疫力アゲアゲ

体によい菌をとり込み、健康を手に入れる〝菌活〟が話題だ。食事で菌類をとるなら、その代表格はキノコだろう。僕が注目しているのは、キノコに含まれるβ-グルカンと呼ばれる成分。免疫力を活性化するほか、アレルギーを予防し、改善する効果があるといわれ、がんの増殖を抑える働きもあるという。キノコには、お腹の調子を整え、余分な脂肪分を体外に排出してくれる食物繊維も豊富に含まれる。1日1食、キノコを上手に食事に取り入れる菌活習慣を身につけたい。

僕は小さい頃から、キノコが大好きだった。特にシイタケには目がない。子どもの頃、家族で焼き肉を食べる時も、バーベキューを楽しむ時も、欠かせなかったのが焼きシイタケだった。エリンギの炭火焼きも最高だ。焼いたエリンギに、醤油を1滴垂らしてぱくり。塩を振りかけていただくのもいい。鍋や味噌汁の定番であるエノキダケも大好物だ。

キノコは種類も多く、どんな料理にも合いやすい。プロになって、いつか食べてみたいと思っていたのがマツタケ。幻想が膨らみすぎていたせいか、いざマツタケを食べると「こんなものか……」と拍子抜けした思い出がある。「香りマツタケ、味シメジ」とはよく言ったものだ。それでも秋になると、決まってマツタケの茶わん蒸しや土瓶蒸しを店で注文してしまう僕は、ブランドと雰囲気に弱いのかもしれない（笑）。

中澤佑二のポイント

いつ 毎日1食

○ 焼いて醤油を垂らしたり、鍋や味噌汁に入れたり

× 「香りマツタケ、味シメジ」。マツタケに過度な期待はしない

オススメは、「キノコの炭火焼き」

管理栄養士の解説

毎日でも食べたい 高栄養食品キノコ

- **細胞を保護する「エルゴチオネイン」**
- **免疫力アップに「β-グルカン」**

キノコには、ビタミンB群・D、食物繊維、ミネラルが豊富です。キノコ特有の成分は、細胞を保護する働きを持つといわれるエルゴチオネインや、免疫力の向上効果が期待されるβ-グルカンなど[*51]。また、シイタケに含まれるうまみ成分グアニル酸は、昆布のうまみ成分グルタミン酸と相性がよく（相乗効果）、うまみの活用は減塩を進めるうえでも役立ちます。

抗アレルギー効果に着目 鼻炎の僕は毎日シソを食べる

僕は小学生の頃から鼻炎に悩まされている。鼻が詰まると呼吸がしにくくなるので、走り続けるサッカー選手は非常に困る。プロ入りしてからはドーピングを気にするようになり、むやみに薬が飲めない。なんとか食事で改善できないかと、抗アレルギー効果のある食材を探し続けていた。

注目したのが、シソ。葉に含まれるロスマリン酸は、花粉症などのアレルギー反応を抑えるといわれているため、積極的に食べるようにしてきた。味にクセがあって気になる人もいるかもしれないけれど、幸いにも僕は大好きだ。

刺身と一緒に食べるのはもちろん、肉を巻いて食べるのが僕のお気に入り。シソを刻んで豆腐にトッピングすることもある。とある店で食べたシソ餃子も美味だった。炒めものやパスタにも合う。シソを加えることで味の変化が楽しめるため、毎日何かしらの方法で食べている。以前シソジュースに挑戦したこともあるけれど、味が好きになれず長続きしなかった。焼き肉店に行った時は、同じシソ科のエゴマを注文する。

難点もある。アレルギーに対する効果を得るには、1日10～20枚を食べないといけないらしい。毎日そんな量を食べるには、自分で栽培してむしって食べるしか方法がないような気がする。僕の鼻炎にシソがどれほど効いているのか……。神のみぞ知るところだけれど、「信じる者は救われる」と思いたい。

中澤佑二のポイント

いつ できれば毎日

○ 刺身や肉と一緒に。刻んで豆腐にトッピングも

× シソジュースは、ややクセあり

オススメは、
「肉を巻いて食べる」

管理栄養士の解説

栄養素や機能性成分が豊富なシソ

- **機能性成分「ロスマリン酸」**
- **シソを使った万能ソースが便利**

抗酸化力を持つβ-カロテンや、抗菌作用を持つ香り成分のペリルアルデヒドを含むシソ。ポリフェノールの一種であるロスマリン酸は、アレルギー性の炎症反応の緩和を促すという報告も[*52]。細かく刻み、おろしショウガと減塩醤油と合わせておけば、肉や魚、豆腐やサラダに合う万能ソースとして活用できます。香味野菜は、習慣的にとる工夫をしましょう。

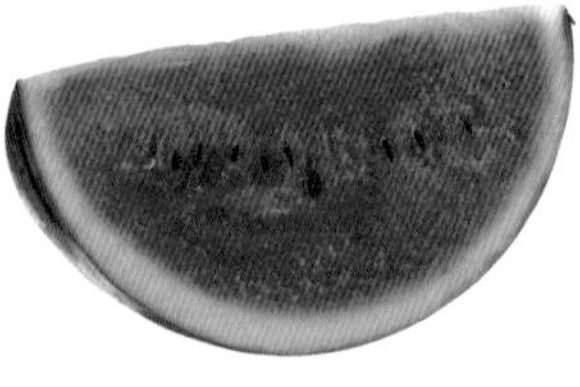

夏の果物スイカは天然のスポーツドリンクだ

サッカー選手の夏は過酷。試合はナイターで行われるけれど、それでも10キロメートル前後走って1～3キログラム体重が落ちる選手もいる。練習はもちろん炎天下で行われる。現役の頃は1時間半ほどの午前練習中に、うがいも含め2リットル近くの水を消費していた。とにかく水分を補給しないと体がもたない。練習後も、翌日に備えて水分を補給する必要がある。

汗をかくとミネラルが失われる。その補給に、天然のスポーツドリンクといわれるスイカは最適だ。夏を乗り切るだけの栄養効果が抜群なうえ、旬の果物だから当然おいしい。約90%を占める水分に加え、カリウムが豊富。ビタミンB群やビタミンCも含まれ、体を冷やす効果もあるといわれる。熱中症が予防でき、天然の糖質が疲労回復を促してくれる夏のスイカは、いいこと尽くし。添加物を嫌ってスポーツドリンクを飲まない僕は、とても重宝している。食後のデザート代わりにフルーツを食べるなら、夏場はぜひスイカを選んでほしい。ただし、糖分がやや高めなので、食べすぎには気をつけたい。

コンディションを整える意味では、スイーツよりも新鮮なフルーツが断然いい。スイカは抗酸化作用のあるリコピンの含有量がトマト以上といわれ、アンチエイジングや美容の面でも期待大だ。

中澤佑二のポイント

- いつ：夏場
- ○：水分補給やデザート代わりに
- ×：食べすぎは糖質過多になるので注意

オススメは、「旬のスイカ」

管理栄養士の解説

夏の運動時の強い味方

●スイカ特有のアミノ酸「シトルリン」
●運動パフォーマンスを高める効果も

スイカには、β-カロテンやリコピンのほか、シトルリンというアミノ酸の一種が含まれています。ある研究では、高強度な運動の前にスイカジュースを飲むと、筋肉痛が和らぐという結果も*53。また、シトルリンの摂取と運動パフォーマンスの関連性を示すデータもあります*54。スイカは夏場に最適な水分＆栄養補給源といえるでしょう。

抗菌効果があるプロポリスはちみつと、のど飴を愛用

抗菌効果があるといわれるプロポリスは、ミツバチが樹液などから採取した植物性の物質に、自らの分泌物を混ぜて作りあげた混合物。はちみつとは別ものだ。ハチはプロポリスを巣に塗ることで、無菌状態を保つほか、巣に持ち帰った食物の腐敗を防いでいるという。プロポリスの産地として有名なブラジルでは、健康食品として広く知られていて、瓶入りのものがスーパーに並んでいる。僕がプロポリスに出合ったのも、ブラジル留学時代。現地の人に「すごく体にいい」と教えられ、両親に買って帰り、プレゼントしたのを覚えている。

プロポリスの原液は、ドーピングコントロールの観点から問題があるとチームドクターに指摘され、プロ入り後は利用することができなかった。「ハチが何を運んできているかわからず、中身を検証できない」という天然物ならではの問題だ。トップアスリートの人は、原液の利用に際し、専門家の指示を仰いでほしい。

ちなみに僕はプロポリス入りのはちみつを愛用していて、ヨーグルトにかけて摂取することが多い。扁桃腺が大きく、のどからくる風邪に注意が必要な体質のため、プロポリス入りののど飴も常備している。のどが痛い時になめると症状が和らぐ。プロポリス自体がかなり苦いため、少し苦みがあるのだけれど、ウイルスに負けない体づくりを目指したいなら、試す価値はある。

中澤佑二のポイント

いつ　風邪気味の時など

○　プロポリス入りのはちみつをヨーグルトにかけて

×　ドーピングを気にするアスリートは使用注意

オススメは、「プロポリス入りののど飴」

管理栄養士の解説

健康食品として名高いミツバチの生産物

- **含有成分は数百にも及ぶ**
- **抗がん・抗酸化・抗炎症・抗菌作用など、多彩な生理作用を持つ**

プロポリスには、フラボノイド、フェノール化合物、アミノ酸、テルペンなどの複数の成分が含まれており、抗がん・抗酸化・抗炎症・抗菌作用など複数の生理作用が報告されています*55。プロポリスに限らず、はちみつやローヤルゼリーなどミツバチに関連する製品全般に同様の健康メリットが示されています*56。

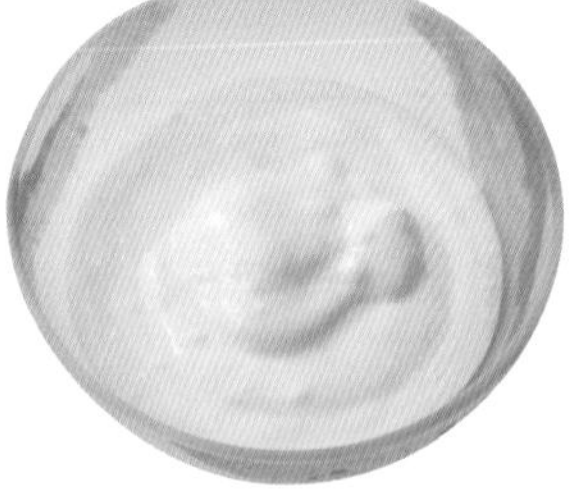

食後のヨーグルトで腸内環境を整える！

プロ入り後、栄養士さんにすすめられたこともあり、デザートの代わりに毎食ヨーグルトを食べるのが習慣になった。発酵食品であるヨーグルトには乳酸菌が豊富に含まれ、腸内環境を整えてくれる。腸内に善玉菌を増やし、便で悪いものを体の外へ出す。このサイクルを手に入れるのが狙いだ。そうすることで免疫力が上がり、風邪をひきにくくなるといわれている。

最近はいろんな乳酸菌の種類があり、インフルエンザの予防や、花粉症などのアレルギー対策を謳《うた》い文句にしているヨーグルトも見かける。僕が選ぶのは、無糖で無脂肪、あるいはなるべく低脂質なもの。横浜F・マリノスに加入してからは、スポンサーのタカナシ乳業の製品にお世話になっている。

リンゴやバナナ、オレンジ、キウイ、ブルーベリーをはじめとするベリー系のフルーツを加えれば、味の相性がよく、ビタミンなどの栄養補給も期待できる。個人的にはフルーツの甘みが加われば十分だと思うけれど、もっと甘みが欲しい人は、はちみつを加えてもいい。または、ブドウ糖よりもカロリーが低く、腸内環境を整えるといわれるオリゴ糖でもいい。乳酸菌は便と一緒に体外に排出されるといわれるので、毎食は難しくても、1日1度はヨーグルトを食べて補いたい。空腹時に食べると、胃酸で肝心の乳酸菌がダメージを受けてしまうようなので、食後がいいだろう。

中澤佑二のポイント

いつ 1日1度。できれば朝、昼、夜のデザート代わりに

○ フルーツを加えれば味、栄養面ともに向上

× 砂糖が加えられているものは避ける

オススメは、「ヨーグルト&ベリー系のフルーツ」

管理栄養士の解説

健康は腸で決まる！

● 発酵食品＋食物繊維は、腸内環境を整える最強の組み合わせ

ヨーグルトなどの発酵食品は、腸内で乳酸菌やビフィズス菌などの有用菌を増やします。健康づくりを担うカギといわれ、近年注目されている物質「短鎖脂肪酸」は、それら腸内の細菌が発酵されることによって作られます[*57]。その際にエサとなるのが食物繊維。そのためヨーグルトを食べる時は、食物繊維が豊富な果物もセットでとるのがおすすめです。

出かける時のお供
風邪予防に緑茶を持ち歩く

出かける時の鞄には、必ず緑茶のボトルが入っている。僕は扁桃腺が弱く、のどから風邪を引くタイプ。風邪予防には人一倍気を使っている。緑茶に含まれるカテキンには殺菌作用があり、緑茶を飲んだり、うがいをしたりすると風邪をひかないと聞いてからは、緑茶が必需品になった。現役時代の練習や試合で、僕が大きな音を立てながら派手にうがいをしている姿を見たことがある人もいるかもしれない（笑）。

最近は「内臓脂肪を減らすのを助ける」「脂肪と糖の吸収を抑える」といった機能を謳《うた》うお茶も増えた。実際の効果はわからないけれど、まったく意味がないとは思わない。僕は「信じる者は救われる」というスタンスだし、そういうものを飲むことで健康に一歩近づいたと前向きに思えるなら、精神的にもいい。ただし、生活習慣を見直さずに、そういうものだけに頼って、「やせよう」「健康を手に入れよう」というのは、ちょっと虫がよすぎる考えだと思う。

冷たい緑茶なら伊藤園の「お〜いお茶」、ホットなら日本コカ・コーラの「綾鷹」が好み。車での移動でトイレが気になる場合は、利尿作用があるカフェインを含まない麦茶にする場合もある。麦茶にはミネラルが含まれ、血液をさらさらにする効果があるといわれている。砂糖や添加物で味付けした飲料水には、なんのメリットもない。無駄な糖質、無駄な添加物をとるぐらいなら、お茶を飲もう。

中澤佑二のポイント

いつ 外出時

○ 緑茶のうがいで風邪防止、麦茶は血液さらさら

× 砂糖や添加物を加えた飲料はメリットなし

オススメは、「冷たい『お〜いお茶』、温かい『綾鷹』」

管理栄養士の解説

緑茶は健康メリットが豊富

- **カテキンほか、機能性成分が豊富**
- **抗酸化作用、血糖・血圧の調節作用など多彩な生理作用を持つ**

緑茶には、カテキン、カフェイン、サポニン、テアニンなどの様々な機能性成分が含まれています。これらは、抗酸化作用や、血糖・血圧の調節作用などを有することが知られており、日本人を対象とした研究では、緑茶の摂取量が多いほど死亡リスクが低いという報告も[*58]。緑茶には健康メリットが豊富ですが、カフェインのとりすぎには注意しましょう。

コンディショニングの味方 梅干しは毎日食べる

日本人におなじみの梅干しは、コンディショニングの強い味方だ。梅干しは小学生の頃から「体にいい」と聞かされ、毎日食べていた。祖母が漬けた梅干しは、顔がゆがむほど酸っぱかったのを覚えている。今は国産で大粒のはちみつ漬けが好み。種を抜いて細かく刻み、おにぎりにするのが好物だ。想像するだけで唾液が出てくる。

梅干しで最も重視しているのは、クエン酸の働き。疲労回復効果が期待できる。ミネラル、カリウムが豊富なため、夏場は特に心強い。コンディションを維持するため、今でも毎日食べている。ただし、塩分が気になるので塩分控えめなものを選び、1日2個が上限だ。梅干しには、血液をさらさらにする効果のほか、唾液の分泌を促す働きもある。唾液は、殺菌効果や消化を促進し免疫力を向上させるなど、重要な役割を担っている。ファストフードに慣れ、よく噛まずに食べる食生活を続けている現代人は、唾液が少なくなっているという。梅干しを食べることは、唾液腺が刺激される貴重な機会にもなるだろう。

僕はカリカリ梅も大好き。中学生の時にクラスのかわいい女の子が、カリカリ梅が好物だったことがきっかけ。当時、少ない小遣いの中からカリカリ梅を買い、こっそり学校に持っていき、女の子にあげていた。甘酸っぱい思い出だ（笑）。カリカリ梅も、添加物ができるだけ少なく、国産で無着色のものを選ぶ。ドライブ時の絶好のお供だ。

中澤佑二のポイント

いつ いつでも。ただし1日1～2個

○ 国産で塩分控えめのものを選ぶ

× 添加物が多く含まれているものは避ける

オススメは、「細かく刻んだ梅干しのおにぎり」

管理栄養士の解説

梅干しに加工することで有機酸が豊富に

- **運動する人にとっては大事な栄養源**
- **塩分過多に注意**

梅の実にはビタミンやミネラルがほとんど含まれませんが、梅干しになると、クエン酸やコハク酸、リンゴ酸といった有機酸やミネラルが増えます。塩漬けと調味料漬けでは塩分の量が異なり、塩漬けの場合は1粒で4グラムほど。1日の塩分摂取量の世界基準（WHOが定める数値）は5グラム未満なので、塩漬け梅干し1つでほぼ上限量。食べすぎに注意しましょう。

Photo by Getty Images

第5章

困った時のコンビニめし

空腹時の駆け込み寺、
コンビニで
何を選べばいい？

おでんは、僕のおやつ　ダイエットにも使える

僕にとって、おでんはおやつ。補食に近い感覚だ。アスリートにとって、メインのおかずとしては少し物足りないし、パンチも足りない。何よりプロ入り前で実家にいる頃から、おでんを食事のおかずにする習慣がなかった。でも、遠征先で出された弁当が揚げものやあぶらっこい肉ばかりで食べられなかった時、また、夕方に小腹がすいた時はおでんに手を伸ばすことがある。なるべく間食はしたくない僕にとって、カロリーが低く、低脂質な具材が多いおでんは助かる存在。ほかほかと温かく、一気に食べることができないため、食べすぎ防止にもなる。食べ応えのある具材をゆっくり味わうことで、満腹感だって得られる。

最近のコンビニのおでんはおいしく、具材も豊富。僕が選ぶのは、大根、はんぺん、こんにゃく、たまご、昆布巻きといった、脂質、カロリーが低いもの。特に食物繊維が豊富な大根は、好んで食べる。ソーセージや牛すじといった脂質が多いものや、厚揚げなどの揚げものは避けている。それから、スープは飲まない。おでんやラーメンなど具材の味付けに使われるスープは全般的に味が濃いからだ。おでんのスープは一見薄そうに見えるけれど、飲むと塩分過多になる。

最近はダイエットのためにコンビニおでんで食事を済ませる人もいると聞く。菓子パンやカップラーメンより、ヘルシーな具材のおでんを選ぶほうが断然よいと思う。

中澤佑二のポイント

いっ 小腹がすいた時に

○ 大根、こんにゃくなど低脂質、低カロリーの具材

× ソーセージ、厚揚げは避けるスープも飲まない

オススメは、「大根」

管理栄養士の解説

ダイエットにも使える「おでん」

- ●ダイエット中の強い味方
- ●主菜＋副菜を上手に組みわせる

冬の定番おでん。軽食として、ダイエットに、夕食のおかずに……と、いろいろな場面で活躍する便利な料理です。ただし、具材の選び方によっては、脂質過多になることも。揚げものやソーセージなどの高脂肪食品と、小麦粉で作られている、ちくわぶの食べすぎに注意。主菜源の卵やはんぺん、副菜源の大根や昆布などを上手に組み合わせましょう。

甘いものが食べたい時はカットフルーツに手を伸ばす

「甘いものを求め、ついコンビニに……」という人も多いだろう。最近はスイーツ系が充実しているから、目移りしてしまうのもわかる。でもスイーツは、砂糖や余分な脂質の塊。カロリーも高い。はっきりいって、サッカーのためにはならない。目的を持って食生活を改善しようと思っている人にとっても同じはずだ。

どうしても甘いものが欲しいな、という時は、カットフルーツを探してほしい。男性でカットフルーツを買う人は少ないかもしれないけれど、女性受けはきっといいはず。オフィスのデスクで食べていると「1個ちょうだい」なんて声を掛けられるかもしれない（笑）。ちなみにコンビニのカットフルーツは、外食で野菜やフルーツが足りなかった時にも頼りになる存在だ。

カットフルーツの種類は様々で、パイナップルやキウイ、リンゴなどが多いだろうか。包丁を使って皮をむかないと食べられない果物を、手軽に食べられるところがいい。一番のおすすめは、前述したけれど、やはりスイカ（P110）。アンチエイジングに効果があるリコピンの含有量はトマト以上といわれるし、水分に加え、カリウムなどのミネラルを含み、熱中症予防にも最適だ。抗酸化力のあるβ-カロテンが豊富で、血液をさらさらにする効果もある。カットフルーツを選ぶ際は、ぜひスイカが入ったものを選んでほしい。

中澤佑二のポイント

- いつ　甘いものが欲しい時
- ○　野菜やフルーツ不足も補える
- ×　コンビニのスイーツよりカットフルーツ

オススメは、「スイカ」

管理栄養士の解説

忙しい時やダイエット中の栄養補給に

- **便利なカットフルーツと冷凍フルーツ**
- **冷凍フルーツでも栄養価はほぼ同じ**

果物習慣を身につけるための便利アイテムがカットフルーツや冷凍フルーツ。最近はコンビニでも簡単に手に入り、種類も非常に充実しています。栄養価の面では新鮮な果物に劣りますが、冷蔵庫に数日間保存した果物よりも、冷凍フルーツのほうが栄養価が高いというデータも[*59]。カットフルーツでも冷凍品でも、果物を食べることはとても重要です。

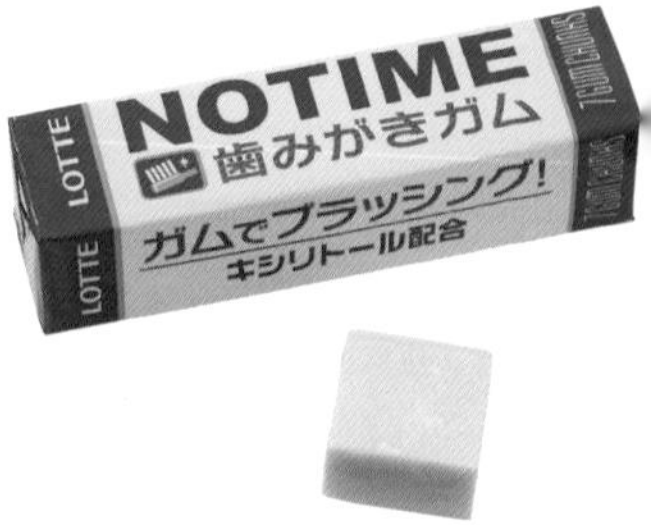

リラックス&集中力向上だから僕はガムを噛む

現役時代のプレー映像を見ていただくと、僕がいつもガムを噛んでいることがわかると思う。トレードマークの1つだったかもしれない。ガムを食べていると態度が悪く見えてしまうようで、「ガムを噛むサッカー選手はイメージが悪い」と言われた時期もあった。そういえば高校生の頃、下校中に生徒指導部の先生にガムを噛んでいるところを見つかって怒られたこともある。

なぜプレー中にガムを噛むのかというと、様々なプラスの効果があるからだ。噛むことで脳が活性化し、集中力向上が見込めるという研究がある。緊張が解けてリラックスし、心肺機能が落ち着くという指摘も。唾液が出るから、口が渇きにくくなるのもいい。そのためプロ入り後は、練習でもガムを噛んでいた。練習以外の時も、ほぼ常に口の中にガムがあるといえる。小腹がすいている時にガムを噛んでいると、余計なものを食べなくて済む。運転中には眠気予防にもなるだろう。あごも鍛えられそうだ。僕が愛用しているのはロッテの歯みがきガム「ノータイム」。味はあまりしないけれど、トレーニングの一環だと思って食べている。大きくて硬いから噛み応えがあり、人工甘味料も最低限しか使われていない。コンビニにはエチケット目的の製品も含め、たくさんのガムが並んでいる。砂糖や人工甘味料不使用のガムを選びたいけれど、そういった商品は少ないので、できるだけ控えめのものを選ぶようにしたい。

中澤佑二のポイント

- いつ：いつでも
- ○：ガムを噛むことで小腹がすくのを防ぐ
- ×：砂糖入りや人工甘味料が多いものは食べすぎ注意

オススメは、「ロッテの歯みがきガム『ノータイム』」

管理栄養士の解説

ガムは低カロリーで虫歯予防効果も

- 虫歯になりにくい「キシリトール」
- 天然甘味料は低カロリー＆低GI

ガムに含まれるキシリトールは天然甘味料です。同じ菓子でも、砂糖入りの菓子とガムとでは、ガムのほうが虫歯になりにくく、さらに低カロリーといえるでしょう。虫歯予防効果については、否定的な論文も存在しますが[*60]、国立健康・栄養研究所「健康食品」の安全性・有効性情報では「キシリトールは虫歯予防におそらく有効である」と記されています。

おにぎりに飽きたら肉まんにかぶりつく

寒い冬、熱々の肉まんを半分に分けて好きな人と食べながら帰宅する。心も体も温まる下校中のひとコマだろう。僕もそんな青春時代を過ごしてみたかった……（笑）。中学、高校ともサッカーひと筋。妄想やこっそりと温めたデートプランはあったけれど、残念ながら叶わなかった。小遣いが少なかった僕は、部活の後、わいわい楽しそうに買い食いしている仲間を尻目に「先に帰るわ」と、すきっ腹を抱えて家路を急いだ。当時は補食の考えがなかったし、自分にとってはそれが当たり前だった。

肉まんを手に取るようになったのは、プロ入りしてからのこと。コンビニでおにぎりやサンドイッチ、弁当を眺めても、僕の食の基準に合うものがなかなか見つからない。手っ取り早く栄養を補給したい時、補食として何を選べばいいか。栄養士さんに相談したところ、すすめられたのが肉まんだった。

肉まんは、たんぱく質と炭水化物を同時に補給できるほか、あんにはスタミナ回復の味方、豚肉が使われている。コンビニのおにぎりに飽きた時には、選択肢の1つだ。ただし、肉のジューシーさを強調した「プレミアム肉まん」などは脂質が高くなるので避けよう。カレーまんやピザまん、あんまんなどは、肉まんより栄養価が劣るため、シンプルな肉まんが一番。ただし、おにぎりに比べると脂質は多めなので食べすぎには注意してほしい。

中澤佑二のポイント

- いつ：運動後の補食
- ○：コンビニの肉まんで栄養補給
- ×：脂質の高いプレミアム肉まん、栄養価の劣るカレーまんやピザまんは避ける

オススメは、「シンプルな肉まん」

管理栄養士の解説

肉まんは運動後の栄養補給に最適

- **1個当たり200〜250キロカロリー**
- **脂質が多めなので夜の摂取は控えめに**

肉まんの皮は炭水化物、具はたんぱく質なので、特に運動後の栄養補給に最適です。運動後、食事をとるまでに時間がある場合、コンビニで肉まんを購入し、さっと栄養補給をすることで、筋グリコーゲンの回復を促すことができます。ただし、肉まんは脂質が多いので、食べすぎには注意。夜遅い時間に食べるのも控えましょう。

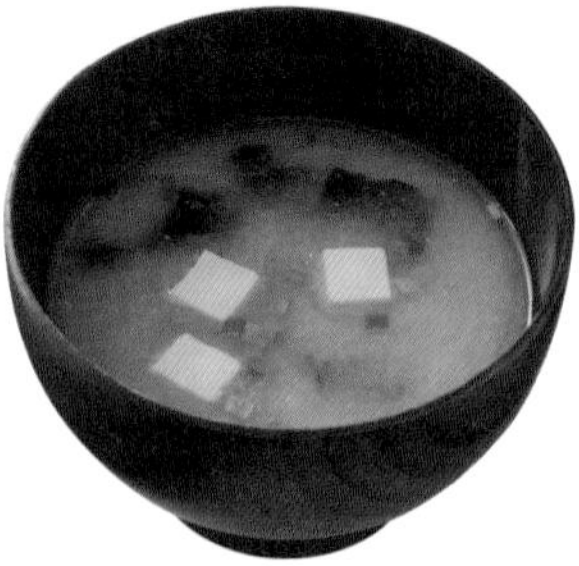

味噌は日本のスーパーフード
食卓を豊かにする味噌汁

日本人の食卓は「一汁三菜（ご飯、汁もの、おかず3品）」が基本といわれる。僕の食事でも汁ものが欠かせない。栄養バランスがよいことはもちろん、汁ものがあると、食卓が豊かになる感じがする。僕の好みの問題かもしれないけれど、ご飯だけというのには抵抗があって、スープも含めた汁ものがないと物足りないし、外食の時でも必ず注文する。極端な言い方をすれば、白飯と味噌汁と漬けものがあれば満足できる。それくらい汁ものを大事にしている。中でも、味噌汁は欠かせない存在だ。

遠征やイベントに向かう移動中、しっかり食事をとる時間がなく、コンビニやパーキングエリアで小腹を満たすことがある。コンビニ弁当を避けている僕が選ぶのは、おにぎり。それから味噌汁。味噌汁があれば、栄養価も相性もばっちり。気持ちもほっこりする。

味噌は栄養効果が大きい。大豆を発酵させてあるため、良質の植物性たんぱく質がたっぷり。発酵の過程で必須アミノ酸やビタミンも生成される。日本古来のスーパーフードといえるかもしれない。僕は白味噌仕立てで、具は豆腐とわかめのシンプルな味噌汁が好み。今はコンビニに様々な種類の味噌汁が並んでいる。シジミやキノコが入ったものは、その栄養価も期待できそうだ。気になるのは塩分。減塩の製品をおすすめしたい。

中澤佑二のポイント

いつ ご飯と一緒に

○ おにぎりとの相性も栄養価もばっちり

× 塩分に注意。できれば減塩の製品を

オススメは、「豆腐とわかめのシンプルな味噌汁」

管理栄養士の解説

発酵食品の味噌は、高栄養調味料

●注目を集める大豆たんぱく質

米味噌や麦味噌などの種類がある味噌。原料の大豆自体が、健康メリットの多い優秀食材ですが、さらに発酵により、大豆の状態では含まれないビタミンやアミノ酸が加わります。味噌の健康効果は多くの研究で示されていますが、味噌で唯一懸念されるのは塩分。しかし、味噌の塩分は血圧へ影響しないというデータもあり[*61]、最低でも1日1回はとりたい食品です。

第6章

夢を叶える
アスリートめし

成長期やプロに
なってからの食事を紹介

買い食いはしてもいい。一緒にフルーツを食べよう。

「将来、トップ選手になりたい」「大会でいい成績を残したい」そんな思いを抱き競技に打ち込んでいる中高生も多いだろう。

我が身を振り返ると、成長期の食欲は「恐ろしい」のひと言。高校時代の食事は、多い時には1日5食だった。朝は白飯に納豆、目玉焼き、味噌汁。朝練習に向かい、終わる頃にはもう腹が減っている。2時間目の休み時間には弁当を半分くらい食べていた。これが2食目。残りの半分を平らげる昼休みは3食目になる。僕の弁当はいわゆる「ドカベン」。B5ノートに近い大きさのタッパーが2つ。1つにはご飯、もう1つには鶏の照り焼きなどのおかずが詰まっていた。それでも足りず、おにぎりを握ってもらい部活の前後に食べていた。それが4食目。家に帰り5食目となる晩ご飯は丼2杯の白飯。おかずが足りずシーチキンにマヨネーズや醤油をかけて食べていた。当時はまだ栄養面の知識が乏しく、体が欲するままに食べものをかき込んでいた。

管理栄養士の解説

体の状態が大きく変化する成長期は、発育のために必要な栄養素やエネルギーを十分に摂取する必要があります。好き嫌いをせずにいろいろなものを食べることが大切。消化・吸収の働きが不十分なため、食べすぎには注意です。

それでもまったく太らなかった。がむしゃらに練習していたために、カロリーの消費がすさまじかったのだろう。小遣いが少なく、買い食いがあまりできなかったというのもあるかもしれない。

成長期は、食べるものに振り回されなくていい。ハンバーガーはダメ、から揚げはダメ、天ぷらはダメ……。食べ盛りの子にそんな節制は酷だろう。それがストレスになって、競技が楽しくなくなれば元も子もない。カップラーメン、フライドポテトやコンビニのフライドチキン、お菓子。買い食いは仲間との楽しい思い出だ。

けれど、栄養的に不十分な食事で終わらせてほしくない。トマトジュースやオレンジジュース、バナナなどのフルーツも食べて、ビタミンや食物繊維を摂取する。そんな意識を持てば、運動に打ち込んでいる成長期の体は、着実に強くなっていくはずだ。

オフの日はステーキ。水曜日からは炭水化物を増やす。

現役時代の僕の1週間の食事を紹介したい。プロサッカー選手は試合を中心にリズムをつくる。土曜日に1試合あると想定し、試合後の土曜日の夕食から始めよう。

試合後の食事は、一番のリラックスタイム。1週間頑張った自分へのご褒美だ。仲間同士や家族で外食をし、好きなものを食べる選手も多い。お酒を口にする選手もいる。でも僕は、体の回復に適したバランスのいいメニューを心がける。だからホームでの試合後は脇目も振らずに自宅へ。ご飯などグリコーゲンを回復させる炭水化物と、肉や魚など筋肉をリカバリーするたんぱく質を、カレーのような好きなメニューでバランスよく摂取していた。つまり、普通の家庭料理ということだ（笑）。

横浜F・マリノスの場合、試合翌日の日曜日は、血行を促すジョギングやストレッチなど軽めの練習が午前中にある。この日の昼食とその後の夕食もリラックスモードだ。好きなものを食べる選手が多い。僕も気分転換に鰻《うなぎ》や焼き肉を外食していた。

管理栄養士の解説

試合終了後は、酷使した体の回復に努めること。栄養と水分を十分にとり、心身をゆっくり休ませましょう。特に試合が繰り返される時は、すばやい疲労回復が必要。リカバリー力を高めるため、バランスのとれた栄養摂取を。

週に土曜日の1試合の場合、月曜日はオフになる。そのため、気をつけたいのはこのオフの月曜日の食事だ。気を抜くと練習を再開する火曜日に痛い目に遭う。オフ明けの練習は筋肉に刺激を与える負荷の高いメニューが多い。だから、ステーキなどでたんぱく質をしっかり摂取して、備える必要がある。火曜日の練習後も、筋肉の回復を促すたんぱく質は多め。鶏肉、魚に加え、豚しゃぶや豚キムチなど、豚肉料理を取り入れるのもおすすめだ。

水曜日からは、試合を意識した食事が始まる。90分間走り切るエネルギーを蓄えるため、炭水化物を増やす。昼食は大盛りパスタが定番。夜もご飯をたっぷり。これが試合前日まで続く。試合中の脱水を防ぐため、練習中も含めて水分を多くとる。水やお茶、牛乳などで2、3リットル。あとは適量のオレンジジュースを飲んで翌日に備えていた。

さあ、いよいよ試合だ。次は試合当日の食事を紹介しよう。

試合の3時間前までに、消化のよいものを食べる。

試合前後の食事はやはり気を使う。試合前に縁起を担いでかつ丼という時代もあったけれど、今は消化の悪い揚げものは、前日からとらない選手がほとんどだろう。

試合当日は、消化のよいものを食べたい。朝食は普段通りを心がけ、カレーのようにお腹に残るものは避ける。胃に食べものが残ると体が重くなるからだ。食べるのは炭水化物が中心。昼食以降は、試合時間との兼ね合いが重要。遅くとも試合の3時間前に終えるのが一般的だ。ナイターの場合、昼食の後に軽食が用意される。僕は昼食も軽食もバランスをみて食べ、連戦でエネルギーが足りない時は軽食を少し多めに食べていた。

試合中のハーフタイムは、オレンジジュースでアミノ酸サプリメントを流し込む。愛用していたのは僕がジャコラと共同開発した「アミノボンバー」。アミノ酸は、パフォーマンスの維持、向上に役立つ。後半の〝もうひと踏ん張り〟をもたらしてくれる。

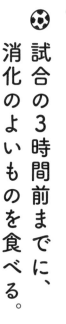

管理栄養士の解説

試合の3～4時間前は炭水化物を中心にとり、15～30分前にはしっかり水分補給をしましょう。運動の30分前に高濃度糖質を摂取すると、低血糖を招いて運動パフォーマンスが低下するという報告もあるので要注意[*62 *63]。

次の試合への準備は、試合直後から始まっている。大事なのは試合直後の補食。運動後の時間は、スポーツ界ですっかり定着した「食事のゴールデンタイム」だ。グリコーゲンを補給し筋肉の疲労を軽減するため、運動後30分以内をめどに糖質やたんぱく質を補給することが重要といわれている。だから試合後は、すぐに軽食をとるのが最優先。ホーム戦では前述の「スマイルテーブル」が、サンドイッチやおにぎりを用意してくれていた。ロッカーに戻り、手洗い、うがいをすると、痛む部分のアイシングをしながら軽食に手を伸ばす。プロテインやオレンジジュースも摂取する。監督とのミーティングはその後だ。

プロ選手は試合後に取材があるけれど、僕が受けるのは決まって最後だった。なぜなら試合後は、回復を促す補食、氷風呂と通常の風呂を使った交代浴、ストレッチ、体のケアなどやるべきことが多い。記者さん泣かせだったけれど、そういう積み重ねが長くプレーをすることにつながっていたと思う。

食事のスケジュール例

火曜日～木曜日（練習）

06:00
起床

07:00
朝食・準備
移動

08:00 クラブハウス着

08:30 自主トレ

10:00 全体練習

12:00 自主トレ

13:00 練習終了

13:30
昼食

14:00 体のケア

15:00
取材 or
フリー

18:00
夕食

22:00
就寝

金曜日（試合前日）

土曜日（試合当日）

06:00
起床

試合当日は、消化のよい炭水化物

07:00
朝食

11:00
昼食

12:00
スタジアム着
準備

すぐにエネルギーになる果物を摂取

13:00
アップ

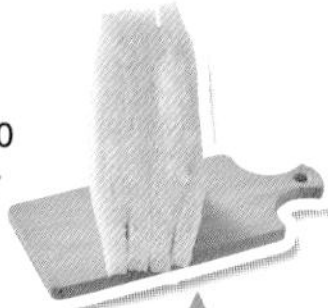

14:00
試合

試合後30分以内に補食

18:00
夕食

試合後は体の回復と次の試合の準備のために食べる

22:00
就寝

日曜日（試合翌日）

06:00
起床

午前の練習に備え、朝からしっかり炭水化物をとる

07:00
朝食・準備移動

08:00 クラブハウス着
筋トレ、ストレッチ、体幹トレーニング

10:00 全体練習

11:00 交代浴
（お湯と冷水に交互につかる）
治療、マッサージ

肉を食べて栄養補給

13:00
昼食

14:00
体のケア

わかめなどの海藻類も

15:00
取材 or フリー

色々な調理法で野菜をとる

18:00
夕食

あっさりそば

22:00
就寝

大豆からもたんぱく質

月曜日（オフ）

06:00
起床

オフでも規則正しく

オフも朝からしっかり

07:00
朝食

リラックスタイムにコーヒー

08:00 掃除

10:00 散歩
買い物

12:00
昼食

翌日からの練習に向けてしっかり食べる

14:00
散歩

15:00
フリー
読書、映画鑑賞など

昼が肉なら夜は魚
昼が魚なら夜は肉

18:00
夕食

オフも変わらず、野菜、フルーツ、炭水化物もバランスよく食べる

22:00
就寝

僕が愛した体も心も笑顔になる食卓「スマイルテーブル」

2019年1月の引退発表から半年後、日産スタジアム内のレストラン「スマイルテーブル」を訪れた。選手の栄養管理を考慮し開設されたこの店では、午前練習後に速やかに昼食をとれるよう、管理栄養士が計算したメニューが提供される。自宅で家族と食べたり、外食を選んだりする選手もいるけれど、僕は「ほぼ皆勤賞」だった。

僕がスマイルテーブルを愛したのは、栄養面はもちろん、料理長の川合亮さんらスタッフの存在が大きかった。多様な食のリクエストに応えてくれるだけでなく、他愛のない世間話や、時には愚痴にも付き合ってくれた。膝の故障でリハビリに専念していた2018年の夏以降は、食事後にコーヒーを飲みながら数時間も過ごした。ストレスで精神的に落ち込んでいる時期に、唯一和める場所だった。みんな忙しいのに、手を動かしながら僕のくだらない話に付き合ってくれた。内心、早く帰ってくれ、って感じだったと思うけれど（笑）。ご飯はおいしいし、コーヒーが飲めて、スタッフの人も気持ちがいい。台風で試合が中止になった時も電話で「今日やってますか？」と問い合わせたほど。特に現役

時代の終盤は、「心のオアシス」といえる場所だった。

　引退した選手が顔を出すと迷惑がかかると足が遠のいていたけれど、今回は店側のご好意で閉店日に迎え入れてくださった。川合さんらが用意してくれたのは現役時代の定番メニュー。〝中澤スペシャル〟の大盛激辛ペペロンチーノ、僕のリクエストで生まれた豆腐ハンバーグ、そしてオリーブオイルを掛けて食べる大盛サラダだ。

　ニンニクの香りが食欲をそそるペペロンチーノは、唐辛子が5本も入っている。店内に満ちる香気に「もう待ち切れない」と僕。味見をした川合さんは「久しぶりに作りましたけど、めちゃくちゃ辛いな、これ」と顔をしかめる。久々の中澤スペシャルを口にした僕も「こんなに辛かったですか」と苦笑い。もともと辛いものが好きで、練習後の食欲がない時でも、辛いものなら食べられると考え作ってもらった一品だ。体がびしっと引き締まる辛さ。生野菜のサラダを箸休めに、次々と口元へと運んだ。

　豆腐ハンバーグは、肉の脂身を嫌う僕のための特別メニュー。スマイルテーブルはそんなあらゆる要望に応えてくれる。たとえば献立がうどんでも、パスタのリクエストがあれば臨機応変に対応。ブラジルからの選手をブラジル料理でもてなすこともある。「中澤さんのために脂身がない豚肉を用意していました。『僕のお肉、ありますか』って聞いてくださる中澤さんに『ありますよ』と言えるようにしていたんです」。

川合さんと厨房に立つ高木チエコさんが、懐かしそうにそう話してくれた。

リンゴも僕のリクエストで毎日出してくれたけれど、「中澤さんがいなくなって、リンゴが減らなくなりましたね」と川合さん。名門と呼ばれ、意識の高い選手が集まる横浜Ｆ・マリノスだけれど、僕ほど食にうるさい選手は少ないらしい（笑）。川合さんは「長く活躍する人はここまでこだわるのか」と感心してくれていたという。

食事が終わったら、コーヒーを片手に雑談の時間だ。現役時代もこれが楽しかった。互いの近況や、横浜Ｆ・マリノスの話題で盛り上がる。酒を飲まない僕はバーに行ったことがないけれど、バーってこういう感じなのかなと思っていた。マスターが出す酒やおつまみに舌鼓を打ち、話を聞いてもらう。ここは僕にとってバーみたいな場所だった。川合さんから「いつか中澤さんプロデュースのスマイルテーブルをやってみたい」との提案もいただいた。早くに引退を余儀なくされたサッカー選手の働き先にもなれば……など、ざっくばらんな会話の中、アイデアは尽きなかった。

うれしいサプライズもあった。スタッフからの寄せ書きだ。引退直後から渡そうと用意してくださったそうだ。川合さんから「もっと早く渡せると思っていました。もっと顔、出してくださいよ」との言葉に、照れ笑い。店の入り口に感謝を込めたサインを残した。スマイルテーブルは心の底から「笑顔になれる食卓」だった。

第7章

規則正しいプロの生活

しっかり動き、
しっかり食べ、
しっかり休む。
3本柱のバランスが
健康の秘訣

午前6時起床、午後10時就寝。生活リズムは崩さない。

現役時代、とにかく僕は規則正しい生活を心がけていた。午前6時起床、午前7時頃には朝食を終え練習に向かう。チームの全体練習が始まるのは午前10時。その2時間前にクラブハウスに到着。個人トレーニングをこなし、チーム練習に入る。チーム練習が終わるのは12時過ぎ、それから個人練習をして、昼食を済ませ、治療や取材をこなして帰宅。午後6時台には夕食を終え、午後10時には電気を消して布団に入っていた。睡眠は重要だ。頭も内臓も筋肉も、すべてが休んでいないと本当の休養にならない。酒は休養の邪魔になるから飲まないし、付き合いで夜更かしすることもなかった。特にシーズン中は、この生活リズムを守ることを徹底した。

味気ない生活がストレスになったり、息苦しくなったりしないのかと聞かれたこともある。そういう時期もあったかもしれないけれど、いつの間にかこれが当たり前になった。むしろリズムを崩すと気持ちが悪いくらいだ。

管理栄養士の解説

「よく食べ（栄養）、よく動き（運動）、よく眠る（休養）」。これは、健康管理の基本のキ。自分自身のライフスタイルの中で、この3つをできる限り規則正しくルーティーン化していくことが、健康管理の第一歩となります。

競り合いに勝つ力強さ、相手の瞬間的な動きに対応できる瞬発力、スプリントを繰り返すスタミナ。それらが求められるプロのサッカー選手は、1日に4000〜5000キロカロリー必要だといわれ、一般の成人男性の倍に近い。プロ生活20年をもとに食事の工夫について説明してきたけれど、運動をしない成人男性が、そのまま取り入れれば太ってしまうだろう。

とにかく、しっかり動き、しっかり食べ、しっかり休む。この3本柱のバランスが健康の秘訣。いくら運動をしても、栄養がとれていなければ筋肉はやせ細ってしまう。健康的にやせるための食生活を実践しても、運動をしなければ思うように体重は減らせない。寝ているはずなのに疲れが取れない人は、食生活を見直す必要があるだろう。3本柱のバランスが崩れていないか、自身の生活を振り返ってみてほしい。摂取カロリーや運動量、睡眠時間を管理し、こまめに体重計にのるなどして体の状態をチェックすれば、きっと改善点が見つかる。

2人の子どもとともにラクロスに情熱を注ぐ。

2018年シーズンを最後に現役から退き、新生活が始まった。もう何を食べたっていい。でも僕の食生活は変わっていない。20年間の習慣を変えるほうが、エネルギーがいる。体を動かす量が減り、食に、より気を使うようになったほどだ。生来、運動が好きな性質なのだろう。最近は夜に走ることも。現役時代の自主トレさながらに坂道をダッシュしたり、インターバル走をしてみたり。息抜きにテレビゲームもする。プレイステーション4のホラーゲームや、小中学生の時にやっていた昔のゲームに手を出したり。青春を取り戻そうとしているのかもしれない。

プロサッカー選手という夢にひと区切りがついた今、僕には新しい夢がある。ラクロスだ。2人の子どもが真剣に取り組んでいるため、僕もコーチとして時間と情熱を注いでいる。ラクロスとは「クロス」と呼ばれる網のついた棒で、硬質のゴム製ボールを操り、相手ゴールを狙って得点を競う競技。サッカーほどのフィールド上で、10

人対10人で戦う（オリンピックに向けて6人制が導入されたり、アメリカの大学では以前の12人制が女子で採用されるなど、大会や地域によってルールが異なる場合もある）。僕にラクロスの経験はないけれど、サッカーと似ている部分も多く、サッカー選手として培った基礎的なトレーニング法など、経験が活かせると感じている。

ラクロスは2028年のロサンゼルス五輪で、120年ぶりに実施競技として復活するのではといわれている。日本ではまだマイナーだけれど、アメリカでは大変人気がある。開催国の提案で実施競技が入れ替わる可能性の高い五輪。アメリカのメダル獲得が見込め、愛好者も多いラクロスの採用を確実視する声もある。その時、日本は世界で戦えるレベルになっているか。2028年まで、あと10年もない。指導者として競技力向上に貢献するのはもちろん、普及や人気の向上の一助にもなりたいと思っている。どういう指導をしたら子どもが成長するか。ラクロスをメジャースポーツにするにはどうすればいいか。常に頭を巡らせている日々だ。

ラクロス指導の合間に、テレビやイベントに出演したり、取材を受けたりしている。いろいろな経験をさせていただき、ありがたいことに引退後はほとんど休みがない。みなさんとお目にかかれる機会は減ったけれど、引退後もしっかり頑張っています。

おわりに

40歳が近くなったあたりから「なぜサッカーを続けることができるのか？」と質問されることが多くなった。そんな時、僕はこう答えていた。

「スピードや持久力などの身体機能は、当然若い人には負ける。その分、頭を早く動かすことを意識している」

相手の動きを先に読む。そんな能力もプロにとっては欠かせない1つ。頭を使った戦い方で若い選手の行く手を阻むことができると、モチベーションも上がる。常にいいパフォーマンスを実現するためには、身体機能を保ち、頭を常に早く動かすことができる体をつくる必要がある。それには、毎日の食事がどれだけ重要かということを本書で伝えたかった。

僕の毎日の食事については、家族に心から感謝している。中・高校生時代までは母親が、20代前半で結婚してからは妻が、食生活に気を配ってくれた。妻と子どもたちには、僕のためにつまらない食生活をさせてしまったのではないかと思う。

朝食にカレーを食べて、体のコンディションがよかったら、基本的にそれが1週間続く。家族はそれに付き合わされる。外食だって、僕はあれやこれやとうるさい。朝起きるのは早く、夜寝るのも早い。そんな生活リズムが毎日続く。人混みが嫌いだから、いろんなところに出かけることは少ないし、オフだからといって、派手なアクティビティーはない。オフ期間中にハワイ旅行へ出かけても、僕は結局「ちょっと走ってきます」と言って自主トレを始めてしまう。振り返れば、現役中はほとんど遊びがなかった。食事でも生活面でも、一般の人のような楽しみ方はできなかったかもしれない。家族は、僕のわがままによくついてきてくれたと思う。

だからこそ、これからは自分自身の夢ではなく、ラクロスという子どもたちの夢を追いかけたい。家族で戦う日々は続いていくだろう。

日産スタジアム内のレストラン「スマイルテーブル」のスタッフにも心から感謝を伝えたい。おいしく、栄養面でも優れた食事だけでなく、スタッフのみなさんの優しさと明るさが、特に現役最後の数年は僕を支えるエネルギーになっていた。

長友佑都選手の専属シェフ、加藤超也氏と修業時代のお店で出会ったように、食事は人との縁もつくってくれた。本気で何かを目指し戦っていれば、少しずつ味方が増えていく。そうやって縁が紡がれできた道を、サッカー選手の中澤佑二は歩んできただけだ。

現役時代、僕は24時間をサッカーに捧げてきた。だからこそ高校時代までは無名だった僕が、日本代表で活躍できるようなセンターバックになることができた。小学6年生から本格的に競技を始めて30年。我がサッカー人生に、1ミリの後悔もない。それくらいサッカー選手になる夢に向かって走り続け、プロになってからも常に目標達成のために努力してきた自負がある。

けれど、周囲の手助けがなければ何も成し遂げられなかっただろう。僕を支えてくださった方々、そして応援してくださったファンやサポーターのみなさまに、あらためて感謝を申しあげたい。

本書を手に取っていただいたのも1つの縁。みなさんの目標にたどり着くための、ほんの小さなきっかけになってくれたらと願っている。

2020年　夏

中澤　佑二

Photo by Getty Images

付録 役に立つ栄養の知識

■1日当たりのカルシウム摂取目安量（推奨量）

性別	男性	女性
年齢（歳）	推奨量（mg）	推奨量（mg）
1〜2	450	400
3〜5	600	550
6〜7	600	550
8〜9	650	750
10〜11	700	750
12〜14	1,000	800
15〜17	800	650
18〜29	800	650
30〜49	750	650
50〜64	750	650

参考：厚生労働省　日本人の食事摂取基準（2020年版）

■豚肉に含まれる各部位別のたんぱく質と脂質（中型種肉／100g当たり）

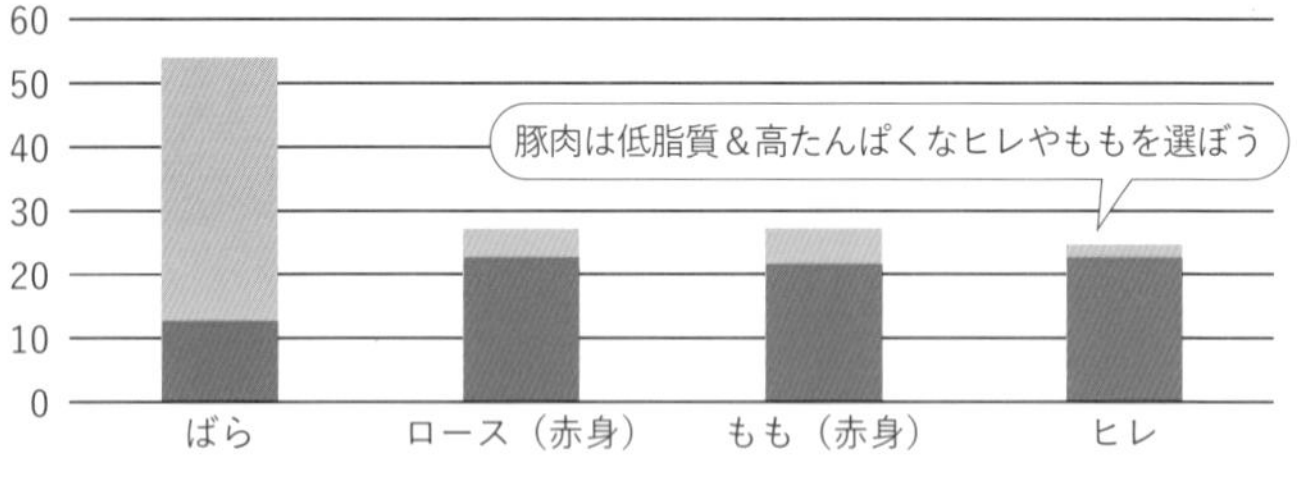

参考：文部科学省 科学技術・学術審議会 資源調査分科会 編 日本食品標準成分表2015年版（七訂）

■牛肉に含まれる各部位別の栄養価の違い（100g当たり）

部位			エネルギー kcal	たんぱく質 g	脂質 g
レバー	肝臓		132	19.6	3.7
ハツ	心臓		142	16.5	7.6
タン	舌		356	13.3	31.8
ハラミ*	横隔膜		321	14.8	27.3
ロース	かたロース（脂身つき）	和牛	411	13.8	37.4
		輸入牛肉	240	17.9	17.4
カルビ	ばら（脂身つき）	和牛	517	11.0	50.0
		輸入牛肉	371	14.4	32.9

参考：文部科学省 科学技術・学術審議会 資源調査分科会 編 日本食品標準成分表 2015年版（七訂）
＊日本食品標準成分表追補2018年版

Epidemiol, 1986 Dec;124(6):903-15.
*51 Zheng X, Xia Y. β-1,3-Glucan recognition protein (βGRP) is essential for resistance against fungal pathogen and opportunistic pathogenic gut bacteria in Locusta migratoria manilensis. Dev Comp Immunol, 2012 Mar;36(3):602-9.
*52 Oh HA, et al. Effect of Perilla frutescens var. acuta Kudo and rosmarinic acid on allergic inflammatory reactions. Exp Biol Med (Maywood), 2011 Jan;236(1):99-106.
*53 Tarazona-Díaz MP, et al. Watermelon juice: potential functional drink for sore muscle relief in athletes. J Agric Food Chem, 2013 Aug 7;61(31):7522-8.
*54 Suzuki T, et al. Double-blind randomized placebo-controlled 2-way crossover study. J Int Soc Sports Nutr, 2016 Feb 19;13:6.
*55 Burdock GA. Review of the biological properties and toxicity of bee propolis (propolis). Food Chem Toxicol, 1998 Apr;36(4):347-63.
*56 Pasupuleti VR, et al. Honey, Propolis, and Royal Jelly: A Comprehensive Review of Their Biological Actions and Health Benefits. Oxid Med Cell Longev, 2017;2017:1259510.
*57 Layden BT, et al. Short chain fatty acids and their receptors: new metabolic targets. Transl Res, 2013 Mar;161(3):131-40.
*58 Saito E, et al. Association of green tea consumption with mortality due to all causes and major causes of death in a Japanese population: the Japan Public Health Center-based Prospective Study (JPHC Study). Ann Epidemiol, 2015 Jul;25(7):512-518.

第5章　困った時のコンビニめし

*59 Linshan Li, et al. Selected nutrient analyses of fresh, fresh-stored, and frozen fruits and vegetables. J Food Compost Anal. 2017;59:8-17.
*60 Riley P, et al. Xylitol-containing products for preventing dental caries in children and adults. Cochrane Database Syst Rev, 2015 Mar 26;(3):CD010743.
*61 上原誉志夫(2012). 習慣的な味噌摂取と高血圧および生活習慣病予防に関する臨床的研究. 中央味噌研究所研究報告, (33), 95-103.

第6章　夢を叶えるアスリートめし

*62 Levine L, et al. Fructose and glucose ingestion and muscle glycogen use during submaximal exercise. J Appl Physiol Respir Environ Exerc Physiol, 1983 Dec;55(6):1767-71.
*63 Koivisto VA, et al. Carbohydrate ingestion before exercise: comparison of glucose, fructose, and sweet placebo. J Appl Physiol Respir Environ Exerc Physiol, 1981 Oct;51(4):783-7.

*34 Kuwata H, et al. Meal sequence and glucose excursion, gastric emptying and incretin secretion in type 2 diabetes: a randomised, controlled crossover, exploratory trial. Diabetologia, 2016 Mar;59(3):453-61.

第3章　年齢に負けないアンチエイジングめし

*35 Tsushida T, et al. Evaluation of Antioxidant Activity of Vegetable Extracts and Determination of Some Active Compounds. Nippon Shokuhin Kogyo Gakkaishi, 1994, 41(9), 611-618.
*36 Chang SK, et al. Superfruits: Phytochemicals, antioxidant efficacies, and health effects - A comprehensive review. Crit Rev Food Sci Nutr, 2019;59(10):1580-1604.
*37 Alqurashi RM, et al. Consumption of a flavonoid-rich açai meal is associated with acute improvements in vascular function and a reduction in total oxidative status in healthy overweight men. Am J Clin Nutr, 2016 Nov;104(5):1227-1235.
*38 Poole R, et al. Coffee consumption and health: umbrella review of meta-analyses of multiple health outcomes. BMJ, 2017 Nov 22;359:j5024.
*39 Lloret - Linares C, et al. Does a single cup of coffee at dinner alter the sleep? A controlled cross - over randomised trial in real - life conditions. Nutrition & Dietetics, 2012, 69(4): 250-255.
*40 Nishi K, et al. Immunostimulatory in vitro and in vivo effects of a water-soluble extract from kale. Biosci Biotechnol Biochem, 2011;75(1):40-6.
*41 Scalbert A, Williamson G. Dietary intake and bioavailability of polyphenols. J Nutr, 2000 Aug;130(8S Suppl):2073S-85S.
*42 夏目みどり(2018). カカオポリフェノールの包括的研究 -カカオは神様の食べ物？-. 化学と生物, 56(7): 490-495.
*43 独立行政法人 国民生活センター. 高カカオをうたったチョコレート(結果報告). 2008-02-06.
*44 Cheng HM, et al. Tomato and lycopene supplementation and cardiovascular risk factors: A systematic review and meta-analysis. Atherosclerosis, 2017 Feb;257:100-108.
*45 Luu HN, et al. Prospective evaluation of the association of nut/peanut consumption with total and cause-specific mortality. JAMA Intern Med, 2015 May;175(5):755-66.
*46 Xiaoran Liu, et al. Changes in nut consumption influence long-term weight change in US men and women. BMJ NPH, 2019;0:1–10.
*47 Veldhoen M. Direct interactions between intestinal immune cells and the diet. Cell Cycle, 2012 Feb 1;11(3):426-7.
*48 Tsui PF, et al. Spices and Atherosclerosis. Nutrients. 2018 Nov 10;10(11).

第4章　病気を予防するコンディショニングめし

*49 Gallus S, et al. Does an apple a day keep the oncologist away? Ann Oncol, 2005 Nov;16(11):1841-4.
*50 Keys A, et al. The diet and 15-year death rate in the seven countries study. Am J

*17 Manabe S, et al. Decreased blood levels of lactic acid and urinary excretion of 3-methylhistidine after exercise by chronic taurine treatment in rats. J Nutr Sci Vitaminol, 2003, 49(6): 375-380.
*18 Aune D, et al. Whole grain consumption and risk of cardiovascular disease, cancer, and all cause and cause specific mortality: systematic review and dose-response meta-analysis of prospective studies. BMJ, 2016 Jun 14;353:i2716.
*19 Wang X, et al. Fruit and vegetable consumption and mortality from all causes, cardiovascular disease, and cancer: systematic review and dose-response meta-analysis of prospective cohort studies. BMJ, 2014 Jul 29;349:g4490.
*20 Joossens JV, et al. Dietary salt, nitrate and stomach cancer mortality in 24 countries. European Cancer Prevention (ECP) and the INTERSALT Cooperative Research Group. Int J Epidemiol, 1996 Jun;25(3):494-504.
*21 Johnston CS, et al. Examination of the antiglycemic properties of vinegar in healthy adults. Ann Nutr Metab, 2010;56(1):74-9.
*22 Chung CH, et al. Corrosive oesophageal injury following vinegar ingestion. Hong Kong Med J, 2002 Oct;8(5):365-6.
*23 Van der Beek EJ, et al. Effect of marginal vitamin intake on physiological performance in man. Int J Sports Med, 1984; 05: S28-S31.

第2章　脂肪をコントロールするダイエットめし

*24 Murray S, et al. Effect of cruciferous vegetable consumption on heterocyclic aromatic amine metabolism in man. Carcinogenesis, 2001, Sep;22(9):1413-20.
*25 Ko KP, et al. Intake of soy products and other foods and gastric cancer risk: a prospective study. J Epidemiol, 2013, Sep 5;23(5):337-43.
*26 越後多嘉志. 総説 ハチミツの科学. 調理科学, 1993, 26(1), 47-53.
*27 Livny O, et al. Beta-carotene bioavailability from differently processed carrot meals in human ileostomy volunteers. Eur J Nutr, 2003 Dec;42(6):338-45.
*28 Masic U, Yeomans MR. Umami flavor enhances appetite but also increases satiety. Am J Clin Nutr, 2014 Aug;100(2):532-8.
*29 青木央 (2007). 昆布の健康機能成分:アルギン酸とフコイダン〈総説特集〉伝統食品の科学-ルーツ、おいしさ、機能-7. 日本味と匂会誌, 14(2):145-152.
*30 Greenwood DC, et al. Glycemic index, glycemic load, carbohydrates, and type 2 diabetes: systematic review and dose-response meta-analysis of prospective studies. Diabetes Care, 2013 Dec;36(12):4166-71.
*31 Fiona S, et al. International Tables of Glycemic Index and Glycemic Load Values: 2008. Diabetes Care, 2008 Dec; 31(12): 2281–2283.
*32 Nishino K, et al. Consuming Carbohydrates after Meat or Vegetables Lowers Postprandial Excursions of Glucose and Insulin in Nondiabetic Subjects. J Nutr Sci Vitaminol (Tokyo), 2018;64(5):316-320.
*33 Imai S, et al. Effect of eating vegetables before carbohydrates on glucose excursions in patients with type 2 diabetes. J Clin Biochem Nutr, 2014 Jan;54(1):7-11.

主要参考資料（＊の数字は管理栄養士解説文の数字と一致しています）

中澤式食事の7カ条

*1 Hu FB, et al. Sugar-sweetened beverages and risk of obesity and type 2 diabetes: epidemiologic evidence. Physiol Behav, 2010 Apr 26;100(1):47-54.

*2 Stein MD, et al. Disturbed Sleep and Its Relationship to Alcohol Use. Subst Abus, 2005 Mar;26(1):1-13.

第1章　強い体をつくるパワーアップめし

*3 厚生労働省：日本人の食事摂取基準(2020年版).「日本人の食事摂取基準」策定検討会報告書(2020), 278-284.

*4 Onakpoya IJ, et al. Efficacy of calcium supplementation for management of overweight and obesity: systematic review of randomized clinical trials. Nutr Rev, 2011 Jun 69(6) : 335-43.

*5 Ivy JL, et al. Muscle glycogen synthesis after exercise: effect of time of carbohydrate ingestion. J Appl Physiol (1985), 1988 Apr 64(4):1480-5.

*6 Liljeberg HG, et al. Effect of the glycemic index and content of indigestible carbohydrates of cereal-based breakfast meals on glucose tolerance at lunch in healthy subjects. Am J Clin Nutr. 1999 Apr;69(4):647-55.

*7 Aoe S, et al. Effects of Various Blending Ratios of Rice and Waxy Barley on Postprandial Blood Glucose Levels. Jpn Soc Nutr Food Sci, 2018, 71(6): 283-288.

*8 西谷真人ら.【総説】新規抗疲労成分：イミダゾールジペプチド. 日本補完代替医療学会誌, 2009, 6(3), 123-129.

*9 Cole M, et al. Improved gross efficiency during long duration submaximal cycling following a short-term high carbohydrate diet. Int J Sports Med, 2014 Mar 35(3):265-9.

*10 Burke LM, Jeukendrup AE, et al. Carbohydrates for training and competition. J Sports Sci, 2011;29 Suppl 1:S17-27.

*11 Zhao LG, et al. Fish consumption and all-cause mortality: a meta-analysis of cohort studies. BMJ, Eur J Clin Nutr, 2016 Feb;70(2):155-61.

*12 産総研・マルハニチロ株式会社共同プレス発表. 魚油による脂質代謝改善効果が摂取時刻によって異なることをマウスで発見－DHAやEPAの摂取は朝が効果的－. 2016-11-01.

*13 Lukaski HC.Vitamin and mineral status: effects on physical performance. Nutrition, 2004, 20(7-8):632-44.

*14 Siegenberg D, et al. Ascorbic acid prevents the dose-dependent inhibitory effects of polyphenols and phytates on nonheme-iron absorption. Am J Clin Nutr, 1991, 53:537-41.

*15 Chasapis CT, et al. Zinc and human health: an update. Arch Toxicol, 2012, 86:521-34.

*16 Yatabe Y, et al. Effects of taurine administration in rat skeletal muscles on exercise. J Orthop Sci, 2003, 8(3):415-419.

［著者］

中澤佑二

（なかざわ ゆうじ）

元日本代表プロサッカー選手
現役時代は横浜F・マリノス所属ディフェンダー、背番号22
1978年2月25日埼玉県生まれ。三郷工業技術高等学校卒業後に、ブラジルへサッカー留学。アメリカFC（ブラジル）を経て、98年に現東京ヴェルディに練習生として加入。99年からプロ契約、同年Jリーグ新人王を獲得し、日本代表初招集。2000年シドニー五輪代表で不動のセンターバックとしてベスト8進出に貢献。02年横浜F・マリノスに移籍。04年JリーグMVP受賞。06年ドイツ、10年南アフリカW杯連続出場。10年の岡田体制では大会途中までキャプテンとしてチームをけん引。18年まで横浜F・マリノスで活躍。
J1のフィールドプレーヤーでは歴代トップの178試合に連続フルタイム出場記録をもつ。19年1月現役引退。Jリーグ功労選手賞受賞。著書に『下手くそ』（ダイヤモンド社）、『自分を動かす言葉』（KKベストセラーズ）など。

［管理栄養士］

川端史紀

（かわばた しき）

管理栄養士　睡眠健康指導士上級者
クリニックでの栄養指導、専門学校講師などの経験を経て、2015年 株式会社エムティーアイ入社。食事指導サービスの立ち上げやコンテンツ企画、研究事業に従事したのち、18年よりセブンリッチグループに参画。スタートアップ起業家×専門家として、ママ向け宅食ブランドやダイエット支援事業を手掛ける。

鉄人《てつじん》中澤《なかざわ》佑二《ゆうじ》の食《しょく》トレ

2020年9月28日　第1刷発行

著者　中澤佑二
発行所　ダイヤモンド社
〒150-8409
東京都渋谷区神宮前6-12-17
https://www.diamond.co.jp/
電話／03・5778・7235(編集) 03・5778・7240(販売)

編集協力　出嶋 剛　三輪 綾
カバー・本文デザイン　藤塚尚子
撮影　名倉朱里
制作進行　ダイヤモンド・グラフィック社
本文DTP　明昌堂
印刷・製本　三松堂
編集担当　冨田玲子

ISBN 978-4-478-11117-8